Dans la même collection:

Aladin ou la lampe merveilleuse.
ALAIN-FOURNIER. *Le grand Meaulnes.*
APOLLINAIRE et DALIZE. *La Rome des Borgia.*
Les aventures de Till Eulenspiegel.
BALZAC, Honoré de. *La fille aux yeux d'or.*
BARBEY-D'AUREVILLY, Jules. *Les diaboliques.*
BAUDELAIRE, Charles. *Les fleurs du mal.*
BOÈCE. *Consolation de la philosophie.*
BRAUN, Lucien. *Paracelse.*
BRONTË, Emily. *Les Hauteurs tourmentées (Wuthering Heights).*
CARROLL, Lewis. *Alice au pays des merveilles.*
CASANOVA. *Histoire de ma fuite des prisons de Venise.*
CAZOTTE, Jacques. *Le diable amoureux.*
CHATEAUBRIAND, René de. *Atala, René.*
CONSTANT Benjamin, *Mémoires sur les Cent-Jours.*
Contes merveilleux chinois.
CRÉBILLON, fils. *Le Sopha.*
CRÉBILLON, fils. *Lettres de la marquise de M… au comte de R…*
DAUDET, Alphonse. *Lettres de mon moulin.*
DUCLOS, Charles Pinot. *Les confessions du comte de ****
DUMAS, Alexandre. *Robin des Bois.*
ERASME. *Eloge de la folie.*
FLAUBERT, Gustave. *Mémoires d'un fou. Novembre.*

(Suite en fin de volume)

Fleuron
Collection dirigée par Béatrice Didier et Robert Kopp
67

PENSÉES

Illustration de couverture:
Maison du poète tragique
Détail d'une peinture murale (Pompéi)
Musée national, Naples

Maquette: Thomas Gehring
Art Center. College of Design (Europe)
La Tour-de-Peilz
Concept et réalisation: Alain Babel

ISBN 2-05-101461-2 ISSN 1420-1666

MARC AURÈLE

PENSÉES

Texte intégral

Préface de
Olivier Reverdin

Fleuron

Traduit du grec
par J.-P. de Joly

INTRODUCTION À LA LECTURE DES *PENSÉES* DE MARC AURÈLE

Les «Pensées» de Marc Aurèle sont l'expression et d'une philosophie — le stoïcisme — et des circonstances d'une vie dramatique — celle d'un Empereur qui a consacré la plus grande partie de son règne à la défense de l'Empire, partageant dans les camps militaires de Pannonie (province correspondant à une partie de la Hongrie actuelle) la vie des légions. Il s'agit donc d'un texte ancré et dans un système philosophique et dans le destin d'un homme et d'un Empire.

On trouvera ci-dessous une présentation sommaire de cette école philosophique et de ce destin. Cela devrait aider à comprendre le texte des «Pensées».

Signalons que ceux qui souhaitent approfondir l'étude du stoïcisme ont, pour ce faire, deux maîtres textes en français: les pages qu'Emile Bréhier consacre à cette école dans le tome Ier de son *Histoire de la Philosophie*, pp. 284 à 430, et, du même auteur, dans la Bibliothèque de la Pléiade, une remarquable anthologie: *Les Stoïciens*. Il s'agit d'un ouvrage posthume, de quelques 1500 pages, édité par Pierre Maxime Schuhl. On y trouve, en traduction française, tous les textes dont il est question dans les pages qui vont suivre.

I: LE STOÏCISME

Le stoïcisme, en tant que doctrine philosophique et morale, remonte à Zénon, né à Kition, sur l'île de Chypre, en 332 avant notre ère.

Zénon se rendit, jeune encore, à Athènes; il y fréquenta l'Académie, où l'esprit de Platon continuait d'agir, peut-être le Lycée, héritier d'Aristote, et eut des contact avec d'autres philosophes, notamment avec les mégariques et les cyniques. Ayant élaboré sa propre doctrine, il se mit à l'enseigner aux abords du Portique Poecile (où l'on conservait des peintures, notamment de Polygnote). Ce portique, la *Stoa Poikilè*, se trouvait en bordure de l'Agora. Il a donné son nom à la secte philosophique de Zénon: le *stoïcisme*.

Cléanthe, d'Assos en Troade, fut le successeur de Zénon et demeura 30 ans en charge; le troisième scholarque, Chrysippe, né à Soles (sur l'île de Chypre), compléta l'enseignement de Zénon et de Cléanthe, dota le stoïcisme d'une logique rigoureuse, et s'intéressa aux mécanismes de la langue, ainsi qu'aux structures de l'univers, donnant ainsi au stoïcisme figure de philosophie totale, englobant la physique, la logique, l'éthique, orientée aussi bien vers la connaissance de l'univers que vers la vie morale, et cherchant les rapports entre les lois qui gouvernent le monde et celles qui règlent la conduite de l'homme.

Le stoïcisme se répandit rapidement en Grèce, dans l'Orient hellénisé (notamment en Egypte, où Cléanthe avait eu des rapports avec les Lagides et la Bibliothèque d'Alexandrie), en Grande Grèce et, bientôt, à Rome. Son étude est rendue quelque peu problématique pour nous. Si nous possédons l'essentiel des œuvres de Platon et d'Aristote, celles des fondateurs du stoïcisme ne nous sont connues que par quelques citations, courts extraits d'œuvres considérables, qui nous ont été transmises par Diogène Laërce, dans ses *Vies, doctrines et sentences des philosophes illustres*, et par Plutarque, dans deux dialogues polémiques où, défenseur sans réserve des thèses de Platon et de l'Académie, il dénonce les erreurs des Stoïciens (*Des Contradictions des Stoïciens* et *Des notions communes contre les Stoïciens*). L'ensemble des citations qu'on trouve chez Diogène Laërce, chez Plutarque et ailleurs a été regroupé dans le *Stoicorum Veterum Fragmenta* de J. von Arnim (Leipzig, 1905-1925, 4 volumes), dont il existe une bonne traduction italienne de Margherita Isnardi Parente (Turin, Utet, 1989).

C'est à Rome que le stoïcisme a connu sa seconde naissance; il est devenu pour nous plus accessible grâce aux œuvres de Cicéron, de Sénèque, d'Epictète et de Marc Aurèle, qui nous sont parvenues dans leur intégralité. Du stoïcisme grec de Zénon, Cléanthe et Chrysippe, au stoïcisme impérial de Sénèque, Epictète et Marc Aurèle, la tradition est claire, et, pour l'essentiel, le stoïcisme demeure fidèle aux grandes intuitions sur lesquelles Zénon et Chrysippe l'avaient fondé, notamment la conviction qu'il y a un lien organique entre les lois qui gouvernent l'univers et les règles qui doivent inspirer la conduite morale du sage, en d'autres termes que l'autonomie du sage est tributaire de l'ordre cosmique, ce qui présuppose l'existence de Dieu et de la Providence.

C'est par étapes successives que le stoïcisme a pris racine à Rome. Un philosophe stoïcien, Panaitios (en latin Panetius), originaire de Rhodes, vint de Pergame et d'Athènes, où il avait étudié la philosophie, à Rome, et fut admis, avec notamment l'historien Polybe, dans ce qu'on est convenu d'appeler le "cercle des Scipions", autrement dit dans le milieu où se rencontrèrent et se fécondèrent l'une l'autre la tradition romaine et la culture grecque.

Un autre Grec, originaire d'Apamée en Syrie, Poseidonios (en latin Posidonius), qui avait ouvert une école à Rhodes, où Cicéron fut son élève, arriva à son tour à Rome, chargé d'une mission diplomatique. Il parcourut l'Occident jusqu'à l'Atlantique, et s'intéressa notamment aux origines de la civilisation. Son influence dans le monde romain fut considérable — du moins nous le pressentons, car ses écrits ne nous sont pas parvenus, et les traces de son influence sont malaisées à repérer. Comme la plupart de ses prédécesseurs, il établit une étroite relation entre les règles de vie du sage et les lois de l'univers. Chez lui, comme chez Panaitios, l'enseignement de l'Académie (donc de Platon) se mêle à la tradition stoïcienne, créant ainsi une forme de syncrétisme qui marquera désormais le développement du stoïcisme à Rome.

Il suffit de lire attentivement plusieurs des écrits philosophiques de Cicéron pour suivre cette évolution — notamment le *De Officiis*, le *De natura deorum*, les *Tusculanes*, le *De Fato* et le *De Finibus*.

Il n'est guère étonnant que les Romains, de manière générale sensibles bien davantage aux questions institutionnelles et pratiques qu'à la spéculation philosophique, aient surtout retenu du stoïcisme ce qui se rapportait aux doctrines morales propres à inspirer la conduite de la vie. C'est déjà largement le cas de Sénèque. Né à Cordoue, arrivé jeune à Rome, où il s'est initié à la doctrine des stoïciens, dont il chercha à en communiquer les fondements éthiques à son élève Néron — sans grand succès! Plusieurs de ses traités, notamment le *De tranquilitate animae* (De la tranquillité de l'âme), le *De brevitate vitae* (De la brièveté de la vie), le *De Providentia* (De la Providence), voire le *De Clementia* (De la Clémence), dont Jean Calvin fut, à l'époque moderne, un des premiers commentateurs, plusieurs de ses traités, disions-nous, sont d'inspiration stoïcienne, et dans les *Lettres à Lucilius*, le stoïcisme affleure constamment.

L'enseignement moral et spirituel du stoïcisme a été remarquablement illustré et renouvelé par un esclave phrygien qui a vécu à Rome et a été affranchi: Epictète. Il y a été le disciple de Musonius Rufus, le plus original des Stoïciens romains, et il en a été chassé, en même temps que tous les philosophes, par l'Empereur Domitien, en l'an 93 de notre ère. Il se retira alors à Nicopolis, en Epire, où il reprit son enseignement, et il y mourut peu après 125. Il n'a rien écrit lui-même, et sa doctrine, orientée essentiellement vers la conduite morale de la vie, n'est connue que par la version qu'en a rédigée un de ses disciples, Arrien (qui est également connu par son histoire de l'*Anabase d'Alexandre*). L'œuvre principale est intitulée *Entretiens*. Elle est complétée par le *Manuel*, qui connut une grande notoriété chez les Chrétiens.

Telle est, résumée dans ses lignes de force, l'évolution du stoïcisme pendant les 422 ans qui séparent l'arrivée de Zénon à Athènes (301 avant

Jésus-Christ) de la naissance de Marc Aurèle (121 après Jésus-Christ), soit pendant plus de quatre siècles (ce qui correspond, à peu près, au temps qui s'est écoulé entre les débuts d la Réforme, au XVIe siècle, et le moment où nous vivons aujourd'hui!

Pendant cette longue période, des confins de l'Inde et de la Perse à l'Espagne, le stoïcisme a été enseigné, s'est transformé tout en restant fidèle à ses intuitions premières. Marc Aurèle est le dernier en date des grandes figures du stoïcisme, qui va bientôt, comme les autres écoles philosophiques, faire place, tout en l'inspirant souvent de manière décisive, à la spéculation des premiers théologiens chrétiens.

II: La vie de Marc Aurèle

Issu d'une famille espagnole (comme Trajan et Hadrien!) établie depuis trois générations en Italie, Marc Aurèle est né en 121. Descendant, tant du côté paternel que maternel, d'une lignée de sénateurs, de consuls, de préfets de la Ville, de prêteurs et de légats, le *cursus honorum* lui était ouvert. Il le fut encore bien davantage après qu'en 138 Antonin le pieux, sur le conseil d'Hadrien, l'eut adopté en vue de lui confier sa succession.

Le premier livre des *Pensées* donne sur les origines et la formation de Marc Aurèle des renseignements précis: il a bénéficié d'une rigoureuse tradition familiale et de maîtres excellents, tant pour la philosophie (celle de Platon, d'Aristote, et, surtout, des stoïciens), que pour la rhétorique, l'éloquence grecque et latine, la langue grecque, la grammaire, la musique, la géométrie, voire la peinture...

En 138, donc, Marc Aurèle — de son nom d'alors *Marcus Annius Verus* — fut adopté par Antonin le pieux et son nom fut modifié: *Marcus Antoninus Aurelius*. L'année suivante, il est déjà César; il demeure au Palatin, épouse Faustine la jeune (*Faustina Junior*), fille de son père adoptif; le 7 mars 161, il succède à Antonin sur le trône impérial. Il avait 40 ans, et n'avait jamais eu de commandement militaire. Homme d'une vraie culture, se soumettant de plein gré à une vie sobre, voire ascétique, qui correspondait à la "vie selon la nature" de l'enseignement stoïcien: une vie en harmonie avec l'ordre universel; mais une vie sereine, éloignée des tourments métaphysiques et des remords existentiels, donc fort différente de celle que préconisaient les Chrétiens. Marc Aurèle ne les mentionne qu'une seule fois dans ses pensées (XI, 3), à propos de la mort, que le stoïcien accueille avec calme, parce qu'il s'y est préparé, de manière non pas théâtrale (ἀτραγῴδως), mais exempte de cette opiniâtreté qui est le propre des Chrétiens. Le reproche adressé aux Chrétiens se comprend quand on lit les récits des *Acta Martyrum* ! On se souviendra d'autre part que c'est sous le règne de Marc Aurèle, en 177, qu'ont été martyrisés les Chrétiens de Vienne et de Lyon; c'est lors de cette sauvage persécution qu'ont succombé l'évêque Pothin, vieillard aveugle, la jeune Blandine et une quarantaine d'autres martyrs, dont plusieurs étaient des Grecs ou des orientaux hellénisés. Mais tout indique que l'ordre de sévir n'est venu ni de Rome, ni de l'Empereur lui-même, mais qu'il a son origine dans la situation locale et provinciale.

Après cette brève digression sur Marc Aurèle et les Chrétiens, revenons au règne lui-même. Il dura 19 ans et 20 jours (du 7 mars 161 au 17 mars 180), et fut à bien des égards tragique. Les frontières de l'Empire étaient menacées, en Orient par les Parthes et leur roi Vologèse; au Nord, par les incursions des "barbares" germaniques (Quades, Marcomans) et Sarmates (Jazyges). Cette double menace contraignit Marc Aurèle à consacrer l'essentiel de ses forces à la défense de l'Empire. De 161 à 166, la guerre d'Orient, qui ramena les Parthes sur la rive gauche de l'Euphrate, replaça le Royaume d'Arménie dans l'orbite de Rome, et donna consistance au *Limes* oriental, fut conduite par un général habile et énergique, Avidius Cassius, mais sous la responsabilité de Marc Aurèle, resté à Rome.

De 166 à 180, en revanche, Marc Aurèle prit lui-même le commandement de l'armée, et passa près de 14 ans sur le front, en Pannonie, le long du Danube, vivant dans les camps militaires, avec les légions.

De 166 à 175, c'est contre les Germains (Quades, Marcomans) que la guerre, très dure, sévit. Les Barbares percèrent à plusieurs reprises les lignes défensives des Romains; ils s'avancèrent jusqu'en Italie, mettant le siège devant Aquilée, sur l'Adriatique, à l'est de Venise. Ils poussèrent également en direction de la Dacie, de l'Achaïe (jusqu'à Elatée, non loin de Delphes) et de l'Asie.

Pour parer la menace, Marc Aurèle créa deux nouvelles légions, multiplia les attaques en pays ennemi, au Nord et à l'Est du Danube, exerça une impitoyable répression. Ses campagnes sont évoquées, et, si l'on peut dire, illustrée par les bas-reliefs de la *Colonne Antonine* (celle qui se trouve, à Rome, sur la *Piazza Colonna*). Les Germains finirent par demander la paix. Mais la guerre n'était pas encore gagnée. Au *Bellum Germanicum* succéda, en 175, le *Bellum Sarmaticum* contre les Jazyges. L'empereur continuait à conduire ses légions, à s'aventurer avec elles en pays ennemi, à passer l'essentiel de sa vie dans les camps militaires, et mourut dans l'un d'eux — vraisemblablement à Vindobona (Vienne) — en mars 180.

Telles ont été les circonstances dans lesquelles il rédigea, en grec — langue de la philosophie — ses *Pensées*. Il ne s'agit ni d'un journal intime, ni de mémoires, mais de maximes, que l'Empereur s'adressait "à lui-même", et qu'on organisa, puis publia, sans doute après sa mort, sous le titre de Δώδεκα εἰς ἑαυτὸν βιβλία (12 livres à soi-même).

Cette œuvre nous a été intégralement conservée. Elle a paru, en édition princeps,à Zurich en 1559. Conrad Gessner — un des Suisses les plus remarquables de tous les temps — en avait reçu le manuscrit d'un Grec, Michel Toxitas; ce manuscrit est conservé à Heidelberg, dans la Bibliothèque Palatine.

Gessner en remit le texte (sans doute une copie) à Wilhelm Holtzmann (plus connu sous son nom hellénisé de Xylander) pour qu'il le traduise en latin. Cette traduction, faite à Heidelberg (où Holtzmann dirigeait depuis 1558 la Bibliothèque palatine) a paru l'année suivante dans l'édition princeps de Zurich. Celle-ci est précédée d'une fort belle préface en grec, de Gessner; elle a été imprimée, assez médiocrement, par Andreas Gessner, son neveu. Xylander donna à Bâle, en 1568, une seconde édition, dans laquelle il critique l'édition princeps de Conrad Gessner: querelles d'érudits, comme il y en eût de tout temps !

Depuis 1559 et 1568, les éditions et les traductions, dans un grand nombre de langues, se sont succédé, et les "Pensées" ont été abondamment commentées.

Olivier REVERDIN

PENSÉES

LIVRE PREMIER

EXEMPLES OU LEÇONS DE VERTU DE MES PARENTS ET DE MES MAÎTRES

De mon aïeul Verus:
Mœurs honnêtes; jamais de colère.

II. De mon père, tant par sa réputation, que par l'idée qui me reste de lui:
Modestie et vigueur mâle.

III. De ma mère:
Piété, bienfaisance. Non seulement ne jamais faire le mal, mais n'en avoir pas même la pensée. Me nourrir d'une façon simple. Fuir en tout le luxe des riches.

IV. J'ai obligation à mon bisaïeul maternel de n'être point allé aux écoles publiques, d'avoir eu d'excellents maîtres à la maison, et d'avoir appris que, pour de tels objets, il ne faut rien épargner.

V. De mon gouverneur:

Ne jamais prendre parti, dans les courses du cirque, pour les uniformes verts ou pour les bleus, ni, dans les combats de gladiateurs, pour les grands ou les petits boucliers.

Etre patient dans les travaux; me contenter de peu; savoir me servir moi-même.

Ne point me charger de trop d'affaires.

Me défier des délateurs.

VI. De Diognète:

Point de vaine curiosité; ne rien croire de ce que les charlatans et les imposteurs racontent sur les enchantements, les conjurations des mauvais génies, et autres prestiges. Ne point nourrir de cailles augurales; ne point m'entêter de ces folies.

Souffrir qu'on parle de moi en toute liberté.

M'appliquer entièrement à la philosophie.

Ce fut lui qui me donna pour maîtres premièrement Bacchius, ensuite Tandasis et Marcien.

Il m'apprit, dans mon enfance, à composer des dialogues, à me contenter d'un petit lit couvert d'une simple peau, et à suivre tous les autres usages de l'éducation grecque.

VII. De Rusticus:

Me bien mettre dans l'esprit que j'ai besoin de redresser et de cultiver mon caractère.

Ne pas quitter le droit chemin pour vouloir imiter les sophistes.

Ne point écrire sur les sciences abstraites.

Ne point m'amuser à déclamer des harangues faites à plaisir.

N'avoir pas la vanité de faire des exercices publics, ou des largesses extraordinaires.

Laisser là l'étude de la rhétorique, de la poétique, du beau style.

N'être jamais chez moi en robe de cérémonie.

Eviter tout autre faste.

Ecrire mes lettres en style simple, comme celle qu'il écrivit, de Sinuesse, à ma mère.

Pardonner les injures et les fautes au premier signe de repentir.

Lire avec attention, sans me contenter d'entendre à peu près.

Ne pas croire légèrement les grands parleurs.

Ce fut lui qui le premier me procura les *Discours mémorables* d'Epictète, qu'il fit venir de chez lui.

VIII. D'Apollonius:

Etre libre et ferme, sans irrésolution, sans regarder un seul moment autre chose que la droite raison. Etre toujours le même dans les douleurs aiguës, la perte des enfants, les longues maladies.

Il fut pour moi un exemple vivant que le même homme peut être très vif et cependant être modéré, ne s'impatientant jamais en donnant ses leçons, et regardant toute sa science et le talent qu'il avait de la communiquer comme le plus mince ornement de son être.

J'appris de lui comment il faut recevoir les services que nos amis paraissent nous rendre: n'en être ni accablé, ni ingrat.

IX. De Sextus:

Humanité; exemple de gouvernement paternel dans sa maison.

Attention à vivre conformément à la nature.

Gravité sans affectation.

Recherche continuelle de tout ce qui pouvait plaire à ses amis.

Patience à supporter les sots et leurs propos irréfléchis.

Se plier à tous les caractères, au point de rendre sa conversation plus agréable que celle des flatteurs mêmes, et en même temps s'attirer la plus grande vénération.

Habileté à trouver et à disposer avec méthode les préceptes nécessaires pour bien vivre.

Jamais la moindre apparence de colère ni d'autre passion.

Ame imperturbable, et cependant remplie des plus doux sentiments pour les autres.

Louant sans battre des mains; savant sans ostentation.

X. D'Alexandre le grammairien:

Ne reprendre personne avec rudesse, et ne pas faire de reproches à ceux à qui il échappe un mot hors d'usage ou irrégulier, ou un mauvais accent; mais, sous prétexte de répondre ou de confirmer ce qui vient d'être dit, ou simplement d'adopter la même idée, placer adroitement le mot convenable, comme si on n'avait pensé qu'au sujet et non à l'expression, ou bien prendre un autre détour également fin et couvert, pour faire sentir la faute.

XI. De Fronton:

Considérer combien il régnerait d'envie, de duplicité, d'hypocrisie dans la cour d'un prince tyran; et que, en général, ceux que nous appelons *patriciens* sont plus éloignés que les autres hommes de rien aimer.

XII. D'Alexandre le Platonicien:

Ne pas dire ou écrire souvent, ni sans nécessité, à qui que ce soit: «Je n'ai pas le temps.» Ce serait se refuser, sous prétexte d'affaires, aux devoirs assidus qui naissent de nos rapports avec la société.

XIII. De Catulus:

Ne point mépriser les plaintes d'un ami, fussent-elles injustes; les examiner, et lui remettre l'esprit dans son assiette ordinaire.

Suivre l'exemple de Domitius et d'Athénodote, qui faisaient les plus grands éloges de leurs précepteurs.

Aimer ses enfants d'une vraie et solide affection.

XIV. De mon cousin Severus:

Aimer mes proches, la vérité, la justice.

Il me fit connaître quels hommes avaient été Thraséas, Helvidius, Caton, Dion, Brutus.

Il m'inspira l'idée de gouverner par des lois générales, égales pour tout le monde, laissant à tous mes sujets la liberté de me parler, et surtout en respectant la libre disposition que chacun doit avoir de soi et de ses biens.

Il m'exhortait à ne m'inquiéter de rien, à rester constamment attaché au culte de la philosophie, à faire le bien, être libéral, ne jamais perdre l'espérance, ne point douter de l'affection de mes amis.

S'il était mécontent de quelqu'un des siens, il ne le cachait point; il ne donnait pas à ses intimes la peine de deviner ce qui lui était agréable ou désagréable; son âme ne leur était jamais voilée.

XV. Exhortation de Maximus:

Se rendre maître de soi; ne se laisser agiter par rien.

S'armer de courage dans les maladies et dans tous les autres accidents.

Avoir des mœurs réglées, douces et graves.

Expédier toutes les affaires sans se plaindre d'en trop avoir.

Il faut qu'un prince donne lieu de croire que tout ce qu'il dit il le pense, et que tout ce qu'il fait est à bonne intention; qu'il ne soit surpris ni étonné de rien, ni précipité, ni lent, ni irrésolu; qu'on ne voie sur son visage ni abattement, ni affectation de sérénité, ni air de colère ou de défiance. Que toujours porté à faire du bien et à pardonner, et toujours vrai, ces vertus paraissent être nées avec lui, et non le fruit d'une étude qui ait redressé la nature. Que jamais personne ne se croie méprisé de lui, ni ne puisse se croire plus homme de bien. Que cependant il sache répandre à propos un sel agréable dans sa conversation.

XVI. De Titus Antonin, mon père d'adoption:

Etre doux, et cependant inflexible sur les jugements arrêtés après un mûr examen.

Etre insensible au vain éclat de tout ce qu'on appelle honneurs.

Aimer le travail, et y être assidu.

Etre toujours prêt à écouter ceux qui viennent donner des avis utiles à l'Etat.

Rendre invariablement au mérite personnel tout ce qui lui est dû.

Savoir en quels cas il faut se roidir ou se relâcher.

Renoncer aux folles passions des jeunes gens.

Ne penser qu'au bien général.

Il n'exigeait pas que ses amis vinssent souper avec lui, ni qu'ils l'accompagnassent dans ses voyages. Ceux qui n'avaient pu venir le retrouvaient toujours le même.

Dans ses conseils, il recherchait avec une attention profonde et soutenue ce qu'il y avait de mieux à faire. Il délibérait longtemps, et ne s'arrêtait point aux premières idées.

Il savait conserver ses amis: jamais de dégoût ni d'attachement outré.

Dans tous les accidents de la vie, il se suffisait à lui-même: l'esprit toujours serein.

Il prévoyait de loin ce qui pouvait arriver, et mettait ordre aux plus légères semences de trouble, sans faire d'éclat.

Il réprimait les acclamations et toute basse flatterie.

Il veillait sans cesse à la conservation des ressources nécessaire.

Il modérait les dépenses des fêtes publiques, et ne trouvait nullement mauvais que l'on murmurât de cette rigoureuse économie.

Il se conduisait à l'égard des dieux sans superstition; et quant aux hommes, point de manières caressantes, ni de flatterie, ni d'affectation de saluer tout le monde. Il était modéré en tout. Contenance ferme; rien d'indécent ni de singulier.

Il usait sans faste et sans façon des commodités qu'une grande fortune offre toujours abondamment, et d'un air à faire connaître qu'il s'en servait uniquement parce qu'elles se présentaient, et qu'il ne regrettait pas celles qui pouvaient lui manquer.

Il ne fit jamais dire de lui qu'il fût bel esprit, bouffon, sophiste. On disait au contraire qu'il était homme mûr, consommé, inaccessible à la flatterie, maître de soi, fait pour commander aux autres.

Il honorait les vrais philosophes, sans rien reprocher à ceux qui ne l'étaient qu'en apparence. On ne lui en imposait pas facilement.

Sa conversation était aisée, agréable; on ne s'en lassait point.

Il prenait soin de sa personne avec mesure, et non en homme attaché à la vie ou désireux de plaire; et, sans se négliger, il bornait son attention à l'objet de sa santé, pour n'avoir recours à la médecine ou à la chirurgie que le moins possible.

Il reconnaissait sans jalousie la supériorité du talent chez les autres, soit en éloquence ou en science des lois, soit en philosophie morale, ou en tout autre genre. Il les aidait même à acquérir la gloire à laquelle chacun d'eux pouvait prétendre en raison de son mérite.

Il imitait en tout la vie de nos pères, mais sans aucune affectation.

Il n'aimait point à changer continuellement de place et d'objet: il n'était jamais las de rester en un même lieu et sur une même affaire. Après ses violents accès de mal de tête, il revenait frais et dispos à son travail ordinaire.

Il avait très peu de secrets, et seulement pour le bien de l'Etat.

Dans les spectacles qu'il donnait, dans les constructions qu'il faisait faire, dans ses largesses au peuple et autres choses semblables, il était sage et mesuré, ayant en vue de faire tout ce qui convenait, et non de s'attirer des applaudissements. Il ne se baignait jamais à des heures extraordinaires. Point de passion pour les bâtiments. Rien de recherché dans les mets de sa table, dans la qualité et la couleur de ses habits, dans le choix des beaux esclaves. A Lorium, une robe achetée au village voisin, et ordinairement de l'étoffe qu'on fait à Lanuvium. Jamais de manteau, sinon pour aller à Tusculum, et même il en faisait des excuses.

En général, rien de dur, rien d'indécent dans ses manières; point de fougue à se faire appliquer ce mot: «Il en suera.» Il faisait au contraire toutes choses l'une après l'autre, comme à loisir, sans se troubler, avec ordre, avec vigueur, et en mettant un juste accord dans la suite de ses actions.

On pourrait lui appliquer ce qu'on a dit de Socrate: qu'il avait la force de se passer et de jouir indifféremment des choses dont la plupart des hommes ne peuvent ni manquer sans tristesse, ni jouir sans excès. Savoir être fort et modéré dans ces deux cas, c'est le propre d'un homme parfait et supérieur; et tel fut le caractère qu'il nous fit voir pendant et après la maladie de Maximus.

Bienfaits que j'ai reçus des Dieux

XVII. Je leur rends grâces d'avoir eu de bons aïeuls, un bon père, une bonne mère, une bonne sœur, de bons précepteurs, de bons serviteurs, de bons parents, de bons amis, presque tout ce qu'on peut désirer de bon; et de n'avoir offensé aucun d'eux, quoique je me sois trouvé dans des dispositions à commettre des fautes de ce genre, si l'occasion s'en fût présentée; mais la bonté des dieux a éloigné de moi les circonstances qui m'auraient fait tomber dans cette faute.

De n'avoir pas été élevé plus longtemps auprès de la concubine de mon aïeul; d'avoir conservé mon innocence dans la fleur de l'âge; de n'avoir point usé de mon sexe prématurément, et d'avoir même différé.

D'avoir été sous la puissance d'un prince tel que mon père, qui a eu soin de me détacher de tout faste, en me faisant sentir qu'on peut vivre dans un palais, et cependant se passer de gardes, de riches habits, de torches, de statues et de tout luxe semblable; que même on peut se réduire à une vie fort approchante de celle d'un particulier, sans pour cela montrer ni bassesse, ni lâcheté dans les occasions qui exigent de la majesté en la personne d'un empereur.

D'avoir obtenu par adoption un frère dont les mœurs sont pour moi un motif de veiller plus particulièrement sur les miennes, mais qui en même temps ne laisse pas de m'être agréable par sa déférence et son attachement; et d'avoir des enfants qui ne sont pas tout à fait dépourvus de talents naturels, ni contrefaits.

De n'avoir pas fait de grands progrès dans la rhétorique, la poésie et d'autres arts, dont l'attrait eût pu me captiver, si je me fusse aperçu que j'y devenais habile.

D'avoir donné de bonne heure à ceux qui avaient eu soin de mon éducation les places qu'ils me paraissaient désirer, et de n'avoir pas différé, en me flattant que, comme ils étaient jeunes, je pourrais toujours les leur donner.

De m'avoir fait connaître Apollonius, Rusticus, Maximus.

De m'avoir fait concevoir très clairement et plusieurs fois quelle est la vie conforme à la nature. Il ne tient donc pas aux dieux, à leurs faveurs, à leur assistance, à leurs inspirations, que, dès à présent, je ne vive conformément à ma nature; ou, si je diffère, c'est ma faute, c'est que je néglige les avertissements ou plutôt les leçons des dieux.

D'avoir un corps qui résiste si longtemps au genre de vie que je mène.

De n'avoir touché ni à Benedicta ni à Theodotus, et, plus tard, ayant donné dans les passions de l'amour, de m'en être guéri.

Dans mes nombreux emportements contre Rusticus, de n'avoir commis aucun excès dont j'aurais eu à me repentir.

D'avoir pu passer auprès de ma mère, qui devait mourir jeune, les dernières années de sa vie.

Toutes les fois que j'ai voulu assister une personne pauvre ou qui avait besoin de quelque secours, de n'avoir jamais entendu me répondre que je n'avais pas de fonds pour le faire; et de ne m'être jamais trouvé, à mon tour, dans le cas d'avoir besoin du secours d'autrui.

D'avoir une femme si complaisante, si affectionnée à ses enfants, si amie de la simplicité.

D'avoir trouvé tant de bons sujets pour donner la première éducation à mes enfants.

De m'avoir indiqué en songe différents remèdes, surtout pour mes crachements de sang et mes étourdissements, comme il m'est arrivé à Gaëte et à Chrèse.

Etant né avec une grande passion pour la philosophie, de n'être pas tombé entre les mains de quelque sophiste, et de n'avoir pas perdu mon temps à lire toutes sortes d'auteurs, ni à étudier la logique ou la physique.

Tous ces heureux événements ne peuvent être arrivés que par la faveur spéciale des dieux et de la Fortune.

Ceci a été écrit dans le pays des Quades, sur la rivière de Gran.

Et c'est le premier recueil de mes PENSÉES.

LIVRE DEUXIÈME

Le matin, commencer par se dire: Aujourd'hui j'aurai affaire à des gens inquiets, ingrats, insolents, fourbes, envieux, insociables. Ils n'ont ces défauts que parce qu'ils ne connaissent pas les vrais biens et les vrais maux. Mais moi qui ai appris que le vrai bien consiste dans ce qui est honnête, et le vrai mal dans ce qui est honteux; moi qui sais quelle est la nature de celui qui me manque, et qu'il est mon parent, non par la chair et le sang, mais par notre commune participation à un même esprit émané de Dieu, je ne peux me tenir pour offensé de sa part. En effet, il ne saurait dépouiller mon âme de son honnêteté; et il est impossible que je me fâche contre un frère et que je le haïsse; car nous avons été faits tous deux pour agir de concert, à l'exemple des deux pieds, des deux mains, des deux paupières, des deux mâchoires. Ainsi il est contre la nature que nous soyons ennemis; or, ce serait l'être que de se supporter l'un l'autre avec peine et de se fuir.

II. Tout ce que je suis, c'est un peu de chair, et la faculté de respirer avec celle de penser.

Quitte donc tes livres. Point de distraction; cela ne t'est plus permis. Mais, comme un homme qui va mourir, méprise cette chair, amas de sang et d'os, tissu de nerfs, de veines et d'artères. Considère encore ce que c'est que ta respiration. Ce n'est que de l'air toujours différent, rejeté sans cesse et sans cesse aspiré. Il ne reste plus que la partie principale, qui pense. Ne te soucie pas d'autre chose. Tu es vieux; ne laisse plus cette partie dans l'esclavage; ne souffre plus qu'elle soit secouée, comme une marionnette, par des désirs incompatibles avec le bien de la société. Qu'il ne t'arrive plus de te plaindre de ton sort présent, ni de vouloir échapper à ton sort à venir.

III. Toutes les œuvres de la divinité sont pleines de sa providence. L'empire de la Fortune n'est nullement indépendant de la nature, ou de la liaison et de l'enchaînement des causes que la Providence régit. Ainsi la Providence est la source de tout. De plus, tout ce qui arrive était nécessaire et contribue au bel ordre de cet univers dont tu fais partie. Tout ce qui entre dans le plan de la nature et qui tend à la conserver en bon état, est bon pour chacune de ses parties. Or le bon état du monde ne dépend pas plus des divers changements des éléments, que du changement des êtres qui en sont composés. Que cela te suffise. Que toujours ces vérités te servent de règle; et laisse là ces livres dont tu es si affamé, de crainte que tu ne murmures au jour de ta mort, au lieu de la recevoir avec une véritable joie, en bénissant, du fond du cœur, les dieux.

IV. Songe depuis combien de temps tu remets au lendemain, et combien de fois la Providence t'a fourni des occasions dont tu n'as pas profité. Il est temps enfin que tu sentes de quel monde tu fais partie, et quel est ce maître de l'univers dont ton âme est une émanation; qu'il n'a laissé à ta disposition qu'un temps limité, et que, si tu ne fais pas ce qu'il faut pour le rendre serein, il s'envolera, tu disparaîtra avec lui, et il ne reviendra plus.

V. A toute heure du jour, en toute occasion, songe à te comporter en vrai Romain, en homme digne de ce nom, sans négligence, sans affectation de gravité, avec amour pour tes semblables, avec liberté, avec justice.

Fais ton possible pour écarter toute autre idée; tu y réussiras, si tu fais chacune de tes actions comme la dernière de ta vie, sans précipitation, sans passion qui t'empêche d'écouter la raison, sans hypocrisie, sans amour-propre, et avec résignation à ta destinée.

Voilà bien peu de préceptes; mais celui qui les observera peut s'assurer de mener une vie heureuse et presque divine; car c'est là tout ce que les dieux exigent de lui.

VI. Couvre toi de honte, mon âme, couvre-toi de honte! Tu n'auras plus le temps de t'honorer toi-même. Chacun a le pouvoir de bien vivre; mais ta vie est presque passée, et tu ne t'honores point encore, puisque tu fais dépendre ton bonheur des pensées d'autrui.

VII. Les événements du dehors t'attirent de tous côtés; mais donne-toi du loisir pour apprendre quelque chose de bon, et ne te laisse plus entraîner par le tourbillon.

Evite aussi une autre erreur. C'est folie de se fatiguer toute la vie sans avoir un but où diriger tous les mouvements du cœur et généralement toutes ses pensées.

VIII. On n'a guère vu arriver de malheur à quelqu'un pour n'avoir pas étudié ce qui se passait dans l'âme d'un autre; mais quant à ceux qui n'ont jamais étudié les mouvements de leur cœur, c'est une nécessité qu'ils soient malheureux.

IX. N'oublie jamais de faire ces réflexions: Quelle est la nature de l'univers? Quelle est la tienne? Quel rapport a celle-ci avec celle-là? Quelle partie est-elle du tout, et de quel tout? Ajoute que personne ne peut t'empêcher de toujours faire et dire ce qui est conforme à cette nature dont tu es une partie.

X. Dans la comparaison que Théophraste fait des péchés, suivant les notions communes, il décide en bon philosophe que les péchés de concupiscence sont plus graves que ceux de colère; car celui qui est en colère ne s'éloigne de la raison qu'en éprouvant un sentiment douloureux, un retirement violent des nerfs et des muscles; au lieu que celui qui pèche par concupiscence, vaincu par la volupté, paraît être en quelque sorte plus intempérant et plus efféminé. C'est donc avec raison, et en philosophe digne de ce nom, que Théophraste a dit que le crime qu'on commet avec un sentiment de plaisir est plus grand que celui qu'on commet avec un sentiment de douleur. En effet, il semble que l'un ne se met en colère que malgré lui, comme forcé par la douleur d'une offense qu'il a reçue, au lieu que l'autre se porte de son plein gré à satisfaire sa concupiscence.

XI. Agis et pense comme si tu étais sur le point de sortir de la vie. Ce n'est pas que sortir de la vie soit une chose fâcheuse, s'il y a des dieux, car ils ne te feront aucun mal; et, s'il n'y en a point, ou s'ils ne prennent aucun soin des choses d'ici-bas, qu'ai-je affaire de vivre dans un monde sans providence et sans dieux? Mais il y a des dieux, et ils ont soin des choses humaines, et ils ont mis dans l'homme tout ce qu'il faut pour qu'il ne tombe pas dans les véritables maux; car, si dans tout le reste il y avait un vrai mal, les dieux y auraient pourvu, et nous auraient donné les moyens de nous en garantir. Mais ce qui ne peut rendre l'homme plus mauvais, comment pourrait-il rendre la vie de l'homme plus malheureuse? En effet, si la nature qui gouverne le monde avait souffert ce désordre, ce serait donc ou parce qu'elle aurait ignoré que ce fût un désordre, ou parce que, l'ayant su, elle n'aurait pu le prévenir ni le rectifier. Or, on ne peut pas penser qu'elle ait fait, par ignorance ou par faiblesse, une si étrange bévue que de laisser tomber indifféremment et sans distinction les biens et les maux sur les bons et sur les méchants. Et puisque la mort et la vie, l'honneur et l'opprobre, la douleur et le plaisir, la richesse et la pauvreté, que toutes ces choses, dis-je, qui de leur nature ne sont ni honnêtes ni honteuses, arrivent également aux bons et aux méchants, il s'ensuit que ce ne sont ni de véritables maux, ni de véritables biens.

XII. Oh! que toutes choses sont bien vites englouties, les corps par la terre, leur mémoire par le temps! Qu'est-ce que tous les objets sensibles, et particulièrement ceux qui nous amorcent par l'idée du plaisir, ou qui nous épouvantent par l'idée de la douleur, ou ceux qu'on admire tant? Que tout cela est frivole, méprisable, honteux, corruptible, putride! Approche-toi, en esprit, de ceux même dont les opinions et les suffrages dispensent la gloire. Songe ce que c'est que la mort. Si tu parviens à bien connaître ce seul objet, si tu en sépares par la pensée tout ce que l'imagination y ajoute, tu ne la verras que comme un ouvrage de la nature; or, il faut être enfant pour avoir peur d'un effet naturel. Et ce n'est pas seulement une opération de la nature, mais encore une opération qui lui est utile.

Comment l'homme tient-il à Dieu? Par quelle partie de son être, et quand y tient-il? Et quel repos cette partie de l'homme ne trouve-t-elle pas en Dieu?

XIII. Rien n'est plus digne de pitié qu'un homme qui passe sa vie à parcourir tout le cercle des choses, et qui *fouille,* comme dit le poète, *jusque dans les entrailles de la terre,* pour découvrir, par conjectures, ce que ses voisins ont dans l'âme. Il ne sent pas qu'il suffirait à son bonheur de se tenir auprès du génie qui réside en lui, et de lui rendre le culte qui lui est dû. Ce culte consiste à le garantir des passions, de toute légèreté et d'impatience à l'occasion de ce qui vient des dieux et des hommes; car ce qui vient des dieux est respectable, à cause de leur vertu, et ce qui vient des hommes est digne d'affection, parce qu'ils sont nos frères.

Quelquefois pourtant nous devons avoir une sorte de pitié de ceux-ci, à cause de l'ignorance où ils sont des vrais biens et des vrais maux. Cette infirmité est aussi pardonnable que celle d'un aveugle qui ne peut distinguer le blanc d'avec le noir.

XIV. Dusses-tu vivre trois mille et même trente mille ans, n'oublie jamais que personne ne peut perdre que la vie qu'il a, ni jouir d'une autre sorte de vie que de celle qui s'évanouit sans cesse. La plus longue et la plus courte vie reviennent au même, quoiqu'il n'en soit pas ainsi du passé; et il est visible qu'il n'y a jamais que l'instant présent qui nous échappe. On ne peut perdre ni le passé ni l'avenir: comment pourrait-on être privé de ce qu'on n'a pas?

Rappelle-toi donc ces deux vérités: l'une, que de tout temps le spectacle du monde a été le même, que tout ne fait que rouler en cercle, et qu'il n'y a rien d'intéressant à voir les mêmes objets pendant un siècle ou pendant deux, ou même à l'infini; l'autre, que celui qui meurt fort jeune ne perd pas plus que celui qui a vécu fort longtemps, car l'un et l'autre ne perdent, comme j'ai dit, que l'instant présent, puisqu'on ne saurait perdre ce qu'on n'a pas.

XV. Tout est opinion. Les raisonnements de Monime le Cynique sont évidents; et il est clair qu'on en peut retirer du fruit, à la condition de n'en prendre que la moelle du vrai.

XVI. L'âme de l'homme se déshonore elle-même de plusieurs manières.

Elle se déshonore lorsqu'elle se rend semblable, autant qu'il est en elle, à une sorte d'abcès et de tumeur dans le corps du monde; car c'est se séparer de la nature dont tous les êtres particuliers font partie, que de supporter impatiemment ce qui s'y fait, d'avoir de l'aversion pour un autre homme, ou même de s'élever contre lui avec animosité, comme il arrive dans la colère.

Elle se déshonore aussi lorsqu'elle succombe à la volupté ou à la douleur; lorsqu'elle dissimule, qu'elle use de feinte ou de mensonge, dans ses actions ou dans ses paroles; lorsqu'elle ne dirige vers aucun but son activité et ses mouvements, faisant tout au hasard, et ne mettant à rien ni ordre ni suite.

Il faut rapporter à une fin les plus petites choses. Or, la fin de tous les êtres raisonnables est de suivre la raison et la loi de la plus ancienne des cités et des républiques.

XVII. Durée de la vie de l'homme? un moment. Sa substance? changeante. Ses sensations? obscures. Son corps? pourriture. Son âme? un tourbillon. Son sort? impénétrable. Sa réputation? douteuse. En un mot, tout ce qui est de son corps, comme l'eau qui s'écoule; ses pensées, comme des songes et de la fumée; sa vie, un combat perpétuel et une halte sur une terre étrangère; sa renommée après la mort, un pur oubli.

Qu'est-ce donc qui peut lui faire faire un bon voyage? Une seule chose: la philosophie. Elle consiste à garder le génie qui habite en lui à l'abri des affronts et des blessures, également supérieur à la volupté et à la douleur, ne faisant rien au hasard, ni avec fausseté ou dissimulation, sans aucun besoin de savoir ce qu'un autre fait ou ne fait pas, acceptant tout ce qui lui arrive et qui lui est dévolu comme venant de la même source d'où il est sorti lui-même, et, par-dessus tout, attendant avec résignation la mort, comme une simple dissolution des éléments dont chaque animal est composé. Car si ces éléments ne subissent aucun mal en se transformant continuellement l'un dans l'autre, pourquoi regarder d'un mauvais œil, pourquoi craindre le changement et la dissolution de toutes choses? Il n'y a rien là qui ne soit selon la nature. Donc point de mal.

Ceci a été écrit à Carnunte.

LIVRE TROISIÈME

Il ne faut pas seulement considérer que chaque jour la vie se consume, et qu'il en reste moins à passer; mais il faut encore songer que, si l'on parvient à un grand âge, il n'est pas sûr que l'on conservera la même force d'esprit et le jugement nécessaire pour la contemplation, la recherche et la connaissance des choses divines et humaines. Car, si un homme tombe en enfance, il continue à la vérité de dormir, de prendre de la nourriture, d'avoir certaines imaginations, certains désirs et autres choses semblables; mais il ne jouit plus de lui-même, et, la vivacité de son esprit se trouvant éteinte, il n'est plus en état de bien sentir toutes les parties de ses devoirs, ni de ranger et déduire ses idées, ni même d'examiner s'il est temps de mettre son esprit en liberté, ni toute autre question qui demande une raison bien exercée. Il faut donc se hâter, non seulement parce que à chaque instant on s'approche de la mort, mais encore afin de prévenir cet affaiblissement total de notre intelligence et de notre raison.

II. Autres observations à faire: les accidents mêmes qui s'ajoutent aux corps naturels ont une sorte de grâce et d'attrait; par exemple, ces parties du pain que la chaleur du feu à fait entr'ouvrir: car quoique ces crevasses se soient faites, en quelque sorte, contre le dessein du boulanger, elle ne laissent pas de donner de l'agrément au pain et d'exciter à le manger.

Les figues mûres se fendent; les olives bien mûres semblent approcher de la pourriture, et tout cela cependant ajoute un mérite au fruit.

Les épis courbés, les sourcils épais du lion, l'écume qui sort de la bouche des sangliers, et beaucoup d'autres choses semblables, sont fort éloignés de la beauté, si on les considère isolément; cependant, parce que ces accidents accompagnent les œuvres de la nature, ils contribuent à les orner, et l'on aime à les y voir.

C'est ainsi qu'un homme qui aura l'âme sensible, et qui sera capable d'une profonde réflexion, ne verra, dans tout ce qui existe en ce monde, rien qui ne soit agréable à ses yeux, comme tenant, par quelque côté, à l'ensemble des choses.

A ce point de vue, il ne regardera pas avec moins de plaisir la gueule béante des bêtes féroces que les images qu'en font les peintres ou les sculpteurs. Sa sagesse trouvera dans les personnes âgées une sorte de vigueur et de beauté aussi touchantes pour lui que les grâces de l'enfance. Il envisagera du même œil beaucoup d'autres choses qui ne sont pas visibles pour tout le monde, mais seulement pour ceux qui se sont familiarisés avec le spectacle de la nature et de ses différents ouvrages.

III. Hippocrate, après avoir guéri bien des maladies, tomba lui-même malade et mourut. Les Chaldéens, après avoir prédit la mort de bien des hommes, ont été enlevés à leur tour par la Parque. Alexandre, et Pompée, et Caïus-César, après avoir si souvent détruit, de fond en comble, des villes entières, après avoir fait périr dans les combats des milliers de cavaliers et de fantassins, sont enfin sortis eux-mêmes de la vie. Héraclite, après avoir dit en physicien tant de belles choses sur l'embrasement du monde, est mort le corps plein d'eau, et couvert de fiente de vache. La vermine fit mourir Démocrite, et une autre sorte de vermine tua Socrate. Qu'est-ce à dire? Tu t'es embarqué, tu as navigué, tu es arrivé; sors du vaisseau. Si c'est pour une autre vie, tout est plein de la divinité, tu y trouveras des dieux. Si c'est pour être privé de tout sentiment, tu cesseras d'être obsédé par la douleur, par la volupté, et d'être assujetti au vase qui te renferme, vase si fort au-dessous de ce que tu es. Faut-il que ce qui doit servir commande? Tu es esprit et génie; le reste n'est que fange et pourriture.

IV. Ne consume pas le peu de temps qui te reste à vivre à penser aux affaires des autres, à moins que ce ne soit pour le bien de la société. Car tu ne saurais, sans manquer à quelque autre devoir, t'occuper, par exemple, de ce qu'un tel fait et pourquoi il le fait, de ce qu'il dit ou pense, des intrigues qu'il trame, et d'autres objets de cette nature. Ce serait errer hors de toi, et te détourner de l'étude de cette partie de ton âme qui est faite pour te diriger. Il faut exclure de la suite de tes pensées tout ce qui n'a qu'un objet frivole et vain, surtout ces pensées qui ne peuvent être que l'effet d'une curiosité inquiète et d'une méchanceté habituelle.

Accoutume-toi à régler tes pensées à tel point que, si tout à coup on venait te demander: «A quoi penses-tu?» tu pusses répondre aussitôt et sans te gêner «Je pensais à ceci ou à cela»; en sorte que, par ta réponse, on vît à découvert que tu n'as dans l'âme rien que de simple, de bon, de digne d'un être destiné à vivre en société, d'un être qui rejette les plaisirs grossiers, toute imagination voluptueuse, tout sentiment de haine, d'envie, tout soupçon, enfin tout ce qui te couvrirait de honte si tu faisais l'aveu de ce qui se passe dans ton cœur.

Un tel homme, qui, sans différer à prendre soin de lui-même, s'occupe ainsi à être dès à présent du nombre des plus vertueux, doit être regardé comme un prêtre et un ministre des dieux, puisqu'il se consacre au culte de celui qui a été placé au-dedans de lui comme dans un temple. En cet état, il ne se laisse plus salir par les voluptés; aucune douleur ne parvient à l'abattre; il est supérieur aux atteintes de la calomnie; il est insensible à toute méchanceté; c'est un athlète qui, dans le plus noble des combats, demeure vainqueur de toutes les passions. Il est pénétré jusqu'au fond du cœur de l'amour de la justice. Il acquiesce de toute son âme à ce qui lui arrive par les ordres de la Providence. Il pense rarement, et jamais sans une grande nécessité pour le bien public, à ce qu'un autre dit, ou fait, ou médite de faire. Il donne toute son attention à ce qu'il doit faire lui-même, et à l'ordre primitif qui a formé le tissu de ses jours, pour ne jamais faire que ce qui sera honnête, et pour se persuader que tout le reste est bien; car le sort particulier de chacun marche avec la combinaison générale dont il fait partie. Il se souvient encore que tout être raisonnable est son parent, et que l'inclination qui le porte vers ses semblables vient du fond de sa propre nature. Au surplus, il ne s'attache point à gagner l'estime de tout le monde, mais seulement de ceux qui vivent conformément à leur nature. Quant aux autres, qui ne vivent pas de même, il se représente tranquillement de quelle façon ils se comportent chez eux et au-dehors, le jour, la nuit, en quel état la débauche les met, et dans quelles compagnies. Il ne fait donc aucun cas de l'approbation de telles gens qui ne sauraient s'approuver eux-mêmes.

V. Ne fais rien à contre-cœur, rien de nuisible à la société, rien sans examen, rien par esprit de contradiction.

Méprise l'élégance dans les pensées. Parle peu, et ne te charge point de trop d'affaires.

De plus, que le dieu qui est au-dedans de toi conduise et gouverne un homme vraiment homme, un sage vieillard, un citoyen, un Romain, un empereur qui s'est discipliné lui-même, comme un guerrier prêt à quitter cette vie au premier signal de la trompette.

Qu'on te croie sur ta parole, sans serments ni témoins.

Sois gai et serein, sans avoir besoin du secours ni des consolations de personne.

En un mot, sois ferme et droit par toi-même, et n'aie point d'autre appui.

VI. Si, dans la vie humaine, tu trouves quelque chose de mieux que la justice, la vérité, la tempérance, la force, en un mot, qu'une âme qui se suffit à elle-même dans les choses où elle te fait agir selon la droite raison, et qui s'abandonne au destin dans les choses qui ne dépendent pas d'elle; si, dis-je, tu connais quelque bien plus excellent, dirige vers cet objet toutes les puissances de ton âme, et entre en possession de cette précieuse découverte. Mais si tu ne vois rien de meilleur que le génie même qui réside en toi, qui commande à tes propres désirs, qui examine tout ce que l'imagination te présente, qui se sauve, comme le disait Socrate, loin des atteintes des sens, qui se soumet lui-même aux dieux et qui aime les hommes; si tout le reste te paraît bas et vil en comparaison de lui, ferme ton cœur à tout autre objet qui, venant une fois à t'attirer, ne te permettrait plus, sans te faire éprouver un tiraillement fâcheux, de donner le premier degré d'estime à ce bien particulier aux êtres de ton espèce, et le seul qui t'appartienne véritablement.

Il n'est pas juste que rien d'étranger vienne contre-balancer le bien de la raison, ce principe de toute action vertueuse. Et les louanges de la multitude, le pouvoir, les richesses, les voluptés lui sont étrangers. Si une fois tu fais le moindre cas de ces objets, comme pouvant contribuer à ton bonheur, ils prévaudront dans ton âme et l'entraîneront à sa perte. Choisis donc, te dis-je, sans hésitation et en homme libre, le bien qui vaut le mieux, et t'y attache de toute ta puissance.

— Mais peut-être ce qu'il y a de meilleur c'est ce qui est utile?

Oui, s'il est utile à l'homme en qualité d'animal raisonnable. Mais s'il ne lui est utile qu'en tant qu'animal, refuse-lui ce nom; et, sans aucun faste ni ostentation, conserve seulement un jugement sain, pour faire un juste et solide parallèle.

VII. Garde-toi de jamais estimer comme un bien qu'il te serait utile de posséder ce qui t'obligerait un jour à manquer de foi, à violer la pudeur, à haïr quelqu'un, à le soupçonner, à le maudire, à le tromper, enfin à désirer des choses qui ont besoin de voiles et de murailles pour être cachées.

Celui qui donne le premier rang d'estime à son âme, à ce génie divin qui l'éclaire et au culte mystérieux des vertus qui lui conviennent, ne fait pas comme les héros de tragédie; il ne pousse point de gémissements sur son sort. Il n'évitera ni la solitude ni le grand monde, et surtout il passera sa vie sans rien ambitionner ni craindre, se mettant peu en peine si son âme sera pendant un long ou un court espace de temps enveloppée d'un corps. Il serait aussi prêt à mourir à l'instant même, s'il le fallait, qu'il est prêt à remplir toute autre fonction décente et honnête. Il ne craint que d'omettre pendant le cours de sa vie quelqu'une des fonctions propres à un être intelligent et sociable.

VIII. Dans une âme bien réglée et bien épurée, tu ne trouveras point de corruption, rien d'impur, point de venin caché. La mort ne la surprend point avant que sa vie ait été complète, comme on le dirait d'une pièce de théâtre si un acteur quittait la scène avant que d'avoir fini son rôle. De plus, on n'y voit rien de bas, ni d'affecté; point de contrainte; rien de décousu, rien de criminel, ni qui exige le secret.

IX. Que ton entendement, qui juge de tout, se respecte. C'est un point essentiel pour n'admettre aucune opinion qui soit contraire ou à l'ordre général du monde, ou à la nature d'un être raisonnable. Celle-ci demande que tu ne te décides jamais sans réflexion, que tu aimes les hommes et que tu obéisses aux dieux.

X. Laissant donc là tout le reste, ne t'occupe plus que de ce peu d'objets. Souviens-toi que le seul temps que l'on vit est le moment présent, qui n'est qu'un point; le reste du temps, ou n'est plus, ou est incertain. Ainsi la vie se réduit à bien peu de chose; le lieu où elle se passe n'est qu'un petit coin de la terre, et la réputation la plus durable qu'on peut laisser après soi n'est rien; elle se conserve parmi des hommes dont la vie est courte, qui ne se connaissent pas eux-mêmes, et qui connaissent bien moins celui qui a vécu longtemps avant eux.

XI. A toutes ces règles, il faut en ajouter une encore: c'est de faire toujours la définition ou la description de l'objet qui viendra frapper mon imagination, afin de voir distinctement et à nu ce qu'il est dans sa substance, considéré dans son tout et séparément dans ses parties, et afin de pouvoir me dire à moi-même son vrai nom, ainsi que le vrai nom des parties dont il est composé et dans lesquelles il se résoudra. Car il n'est rien de si propre à élever l'âme que d'analyser avec méthode et justesse tout ce qui se rencontre dans la vie, et que d'examiner toujours chaque objet de façon à pouvoir aussitôt connaître à quel système de choses il appartient, de quelle utilité il y est, quel rang il tient dans l'univers, et relativement à l'homme, citoyen de cette ville céleste dont les autres villes ne sont en quelque sorte que les maisons.

Quel est donc cet objet qui se présente actuellement à mon esprit? De quels éléments a-t-il été fait? Combien de temps doit-il durer? Quelle vertu faut-il pratiquer à son occasion? Est-ce, par exemple, la douceur, le courage, la sincérité, la confiance, la simple résignation, la frugalité, ou quelque autre vertu?

Il faut donc se dire en toute rencontre: «Ceci me vient évidemment de Dieu, et telle autre chose me vient par une suite nécessaire du système général, de la liaison et du tissu de toutes choses dont il a dû résulter particulièrement un tel concours et une telle rencontre. Ceci encore me vient de mon concitoyen, de mon parent, de mon compagnon qui, par malheur, ignore ce qui convient à notre propre nature. Mais moi je ne l'ignore pas; c'est pourquoi je le traiterai avec humanité et justice, selon la loi naturelle de la société, tout en m'efforçant, dans le cours ordinaire des choses, de n'attribuer à chacune que son véritable prix.»

XII. Si tu fais l'affaire du moment présent selon la droite raison, avec soin, avec courage, avec douceur, sans te laisser distraire par rien d'étranger; si tu conserves dans sa pureté le génie qui t'anime, comme si tu devais le rendre à l'instant même; si, attaché à ces principes, tu ne désires rien, tu ne crains rien; si, content de faire ce que tu fais suivant la nature de ton être, tu dis héroïquement la vérité, sans t'en écarter d'un seul mot, tu vivras heureux.

Or personne ne peut t'empêcher de faire tout cela.

XIII. Comme les médecins ont toujours sous la main des instruments et des fers prêts pour les opérations imprévues, de même tu dois être muni des principes nécessaires pour connaître tes devoirs envers les dieux et envers les hommes, et pour faire les moindres choses en te souvenant toujours de l'enchaînement de ces deux sortes de devoirs; car tu ne feras rien de bien dans les choses humaines, si tu oublies le rapport qu'elles ont avec les dieux, ni rien de bien dans les choses divines, si tu oublies leur liaison avec la société.

XIV. Cesse enfin de t'égarer, car tu n'auras pas le temps de relire tes *Mémoires* ni les hauts faits des anciens Romains et des Grecs, ni les recueils que tu avais mis à part pour ta vieillesse. Hâte-toi donc de marcher vers ton but, et, renonçant à de frivoles espérances, viens toi-même à ton secours, si tu as tes intérêts à cœur. Cela dépend de toi.

XV. Le peuple ne connaît pas toute la portée du sens de ces mots: *voler, semer, acheter, se reposer.* Il ne voit pas ce qu'il faut faire pour bien vivre. En effet, cela ne se voit point avec les yeux du corps, mais avec d'autres yeux.

XVI. Corps. Ame sensitive. Intelligence.

Au corps, des sensations. A l'âme animale, des passions. A l'intelligence, des principes.

Avoir l'imagination frappée? Les brutes l'ont.

Etre agité par des passions? Les loups le sont, les hommes efféminés, et un Phalaris, et un Néron.

Savoir se conduire extérieurement avec bienséance? Les athées le savent aussi, et les traîtres à la patrie, et ceux qui font tout à portes fermées.

Ces facultés sont communes aux différents êtres que je viens de nommer. C'est donc une vertu propre au seul homme de bien, de chérir et d'agréer tout ce qui lui arrive, comme ourdi, pour ainsi dire, avec la trame de ses jours; de ne jamais souiller le génie qui réside au fond de son cœur; d'empêcher qu'il ne soit troublé par une foule d'imaginations, et de se le conserver propice et favorable, en lui faisant modestement cortège, comme à un dieu, sans jamais dire un mot qui ne soit vrai, ni rien faire qui ne soit juste.

Que si tout le monde ne croit pas qu'il passe véritablement sa vie en homme simple, modeste et tranquille, il ne s'en fâche contre personne, et ne perd pas pour cela de vue sa route jusqu'à la mort, où il doit arriver pur, tranquille, et prêt à faire le voyage, en acceptant librement l'ordre de sa destinée.

LIVRE QUATRIÈME

Lorsque notre maître intérieur se conforme à la nature, s'il lui arrive quelque obstacle, il transporte sans peine et constamment son action à une autre chose qu'il lui est possible et permis de faire. Il n'affectionne pas un ordre d'événements plus qu'un autre, et, s'il désire quelque chose, c'est sous condition. De l'obstacle qu'il rencontre, il se fait un sujet d'exercice, comme le feu qui s'empare de tout ce qui y tombe. Une petite lampe en serait éteinte; mais un feu ardent s'approprie sur-le-champ tout ce qu'on y jette; il le consume et ne s'en élève que plus haut.

II. Ne fais rien sans réflexion, ni autrement que dans toutes les règles de ton métier.

III. La plupart des hommes cherchent la solitude dans les champs, sur des rivages, sur des collines. C'est aussi ce que tu recherches ordinairement avec le plus d'ardeur. Mais c'est un goût très vulgaire; il ne tient qu'à toi de te retirer à toute heure au-dedans de toi-même. Il n'y a aucune retraite où un homme puisse être plus en repos et plus libre que dans l'intérieur de son âme, surtout s'il y a mis de ces choses précieuses qu'on ne peut revoir et considérer sans se retrouver aussitôt dans un calme parfait, qui est, selon moi, l'état habituel d'une âme où tout a été mis en bon ordre et à sa place.

Jouis donc très souvent de cette solitude, et reprends-y de nouvelles forces. Mais aussi fournis-la de ces maximes courtes et essentielles, dont le seul ressouvenir puisse dissiper sur-le-champ tes inquiétudes et te renvoyer en état de supporter sans trouble tout ce que tu retrouveras dans le monde.

Car enfin qu'est-ce qui te fait de la peine? Est-ce la méchanceté des hommes? Mais rappelle-toi ces vérités-ci: que tous les êtres pensants ont été faits pour se supporter les uns les autres; que cette patience fait partie de la justice qu'ils se doivent réciproquement; qu'ils ne font pas le mal parce qu'ils veulent le mal. D'ailleurs, à quoi a-t-il servi à tant d'hommes, qui maintenant sont au tombeau réduits en cendre, d'avoir eu des inimitiés, des soupçons, des haines, des querelles?

Cesse donc enfin de te tourmenter.

Te plains-tu encore du lot d'événements que la cause universelle t'a départi?

Alors rappelle-toi ce dilemme: ou c'est la Providence qui règle tout, ou c'est le mouvement fortuit des atomes; pense aussi aux arguments par lesquels on t'a prouvé que le monde est comme une grande cité...

Es-tu importuné par les sensations du corps? Songe que notre entendement ne prend point part aux impressions douces ou rudes que l'âme animale éprouve, sitôt qu'il s'est une fois renfermé chez lui et qu'il a reconnu ses propres forces. Au surplus, rappelle-toi encore tout ce qu'on t'a enseigné sur la volupté et la douleur, et que tu as reconnu pour vrai.

Serait-ce le désir d'une vaine gloire qui t'agite et te déchire? Considère la rapidité avec laquelle toutes choses tombent dans l'oubli; cet abîme immense de l'éternité qui t'a précédé et qui te suivra; combien un vain bruit est peu de chose; l'inconstance et la folie du peuple qui t'acclame; enfin la petitesse du cercle où la renommée se renferme: car la terre entière n'est qu'un point dans l'univers; ce qui en est habité n'est qu'un coin du monde; et, dans ce coin-là même, combien auras-tu de panégyristes, et de quelle valeur?

Souviens-toi donc de te retirer ainsi dans cette petite partie de toi-même. Ne te trouble de rien. Ne fais point d'efforts violents; mais demeure libre. Regarde toutes choses avec une fermeté mâle, en homme, en citoyen, en être destiné à mourir. Et, lorsque tu feras dans ton âme la revue de tes maximes, penche-toi sur ces deux vérités: l'une, que les objets ne touchent point notre âme; qu'ils se tiennent immobiles hors d'elle, et que son trouble ne vient jamais que des opinions qu'elle se fait au-dedans d'elle-même; l'autre, que tout ce que tu vois va changer dans un moment, et ne sera plus ce qu'il était. N'oublie jamais combien il est arrivé déjà de révolutions, ou en toi, ou sous tes yeux. Le monde n'est que changement, la vie n'est qu'opinion.

IV. Si l'intelligence nous est commune à tous, la raison qui nous constitue des êtres raisonnables nous est également commune; et, s'il en est ainsi, une même raison nous prescrit ce qu'il faut faire ou éviter. C'est donc une loi commune qui nous gouverne; nous sommes donc des citoyens qui vivons ensemble sous la même police, et il suit de là que le monde entier ressemble à une grande cité. En effet, de quelle autre police pourrait-on dire que l'espèce humaine dépend, sinon de celle de la cité entière? Mais est-ce de là, est-ce de notre commune cité que nous sont venues l'intelligence, la raison, la loi? Car enfin ce que j'ai de terrestre m'est venu d'une certaine terre; ce que j'ai d'humide m'est venu d'un autre élément; et il en est de même des parties d'air et de feu qui sont en moi; elles me sont venues de sources qui leur sont particulières, puisque rien ne se fait de rien, ni ne retourne à rien; il faut donc aussi que mon intelligence me soit venue de quelque autre principe.

V. La mort est, comme la naissance, un mystère de la nature, une nouvelle combinaison des mêmes éléments. Mais il n'y a rien là qui doive faire de la peine, car il ne s'y trouve absolument rien qui répugne à l'essence d'un être intelligent ni au plan de sa formation.

VI. Ils sont nés pour faire nécessairement de ces actions, et celui qui le trouve mauvais ne veut pas que le figuier ait un lait amer. Après tout, vous mourrez bientôt l'un et l'autre, et, peu de temps après, on ne se souviendra pas même de vos deux noms.

VII. Supprime l'opinion; tu supprimes: *J'ai été blessé.* Supprime: *J'ai été blessé;* tu supprimes la blessure.

VIII. Ce qui n'empire pas l'essence de l'homme en elle-même, ne saurait empirer la condition de sa vie, ni blesser véritablement l'homme, soit au-dehors, soit au-dedans.

IX. C'est pour un bien que la nature est obligée de faire ce qu'elle fait.

X. Tout ce qui arrive dans le monde y arrive justement, comme tu le reconnaîtras, si tu es bon observateur; et cela non seulement par rapport à l'ordre arrêté des événements, mais je dis selon les règles de la justice, et comme étant envoyé par quelqu'un qui distribue les choses selon le mérite. Continue donc d'y prendre garde, et tout ce que tu feras, fais-le dans cette pensée, pour te rendre homme de bien; je dis homme de bien dans le vrai sens de ce mot. Que ce soit la règle de toutes les actions de ta vie.

XI. N'aie pas des choses l'opinion qu'en a celui qui te fait une injure, ou l'opinion qu'il veut t'en faire prendre. Vois-les comme elles sont en réalité.

XII. Il faut avoir toujours devant les yeux ces deux règles: l'une, de ne rien faire que ce que t'inspire la raison souveraine et législatrice; l'autre, de changer d'avis, s'il se trouve quelqu'un qui te redresse et te fasse renoncer à ta première pensée; mais toujours à la condition que les motifs de ton changement soient une raison probable de justice ou de bien public, ou quelque raison approchante, et non la satisfaction ou l'honneur qui pourraient t'en revenir.

XIII. As-tu la raison en partage? — Oui, je l'ai. — Pourquoi donc ne t'en sers-tu pas? Car si elle fait sa fonction, que veux-tu de plus?

XIV. Tu as subsisté comme partie d'un tout. Ce qui t'avait produit t'absorbera, ou, pour mieux dire, tu seras reçu, par suite de quelque changement, dans le sein fécond du Père de la nature.

XV. Plusieurs grains d'encens ont été destinés à brûler sur le même autel. Que l'un y tombe plus tôt, l'autre plus tard, cette différence n'est rien.

XVI. En moins de dix jours, ceux même qui te regardent aujourd'hui comme une bête féroce ou comme un singe, te regarderont comme un dieu, si tu reviens à tes maximes et au culte de ta raison.

XVII. Ne fais pas comme si tu avais à vivre des milliers d'années. La mort s'avance. Pendant que tu vis, pendant que tu le peux, rends-toi homme de bien.

XVIII. Que de temps on gagne en ne prenant pas garde à ce que le prochain dit, fait, ou pense, mais seulement à nos propres actions, pour les rendre justes et saintes!

«Il ne faut jamais, disait Agathon, regarder autour de soi les mauvaises mœurs des autres, mais aller devant soi sur une ligne droite, sans jeter les yeux çà et là.»

XIX. Celui qui s'inquiète de ce qu'on dira de lui après sa mort, ne songe pas que chacun de ceux qui se souviendront de lui mourra bientôt lui-même, et qu'il en arrivera autant à leurs successeurs, jusqu'à ce que toute cette renommée, après avoir passé par quelques générations également inquiètes et mortelles, périsse aussi. Mais supposons que ceux qui se souviendront de toi soient immortels, et que ton nom le soit avec eux; que t'en reviendra-t-il, je ne dis pas seulement après ta mort, mais pendant ta vie? A quoi sert la réputation, si ce n'est à faciliter les affaires? Et dois-tu maintenant négliger mal à propos le soin de cultiver en toi les dons de la nature, pour ne t'occuper le reste de tes jours que de ce qu'on pourra dire de toi?

XX. Le beau, en tout genre, est beau par lui-même; il se réduit à lui seul, et la louange n'en fait pas partie. Ainsi rien ne devient meilleur ou pire par les discours d'autrui. Nous en convenons pour ce qu'on appelle communément beau dans les productions matérielles de la nature et de l'art. Mais manque-t-il quelque chose à ce qui est beau de sa nature? Pas plus qu'à la loi, qu'à la vérité, qu'à l'humanité, qu'à la pudeur. Qu'y a-t-il là qui devienne beau par la louange, ou qui soit altéré par le blâme? L'émeraude perd-elle sa beauté si on cesse de la louer? En est-il autrement de l'or, de l'ivoire, de la pourpre, d'une lyre, d'une belle arme, d'une fleur, d'un arbrisseau?

XXI. Si les âmes sensitives ne périssent pas, comment, depuis tant de siècles, l'air peut-il les contenir?

— Mais comment la terre peut-elle contenir tant de corps qu'on y ensevelit depuis des temps infinis?

De même que les corps, après quelque séjour en terre, s'altèrent et se dissolvent, ce qui fait place à d'autres corps; de même les âmes, après quelque séjour dans l'air, s'altèrent, se fondent et s'enflamment, en rentrant dans le sein fécond du premier principe de l'univers, ce qui fait place à celles qui leur succèdent.

Voilà ce qu'on peut répondre, en supposant que les âmes ne périssent pas.

Or, il faut tenir compte non seulement de ce grand nombre de corps enterrés, mais encore des animaux qui sont mangés tous les jours, tant par nous que par d'autres animaux; car combien y en a-t-il de consommés, et comme enterrés de cette façon dans les corps de ceux qui s'en nourrissent! Cependant le même lieu les contient, parce qu'ils y sont convertis en sang, en air et en feu.

Quel moyen ici de connaître la vérité? — C'est l'analyse des objets dans leur matière et le principe de leur action.

XXII. Ne te laisse point entraîner par ce tourbillon. Entre les divers mouvements de ton cœur, choisis ce qui est le plus conforme à la justice, et, entre tes diverses imaginations, tiens-toi à ce que tu as clairement conçu.

XXIII. O Univers! tout ce qui te convient m'accommode. Tout ce qui est de saison pour toi ne peut être pour moi ni prématuré ni tardif. O nature! ce que tes saisons m'apportent est pour moi un fruit toujours mûr. Tout vient de toi, tout est dans toi, tout rentre dans toi. Quelqu'un a dit: «O chère cité de Cécrops!» Pourquoi ne dirais-tu pas du monde: «O chère cité du grand Jupiter!»

XXIV. Fais *peu de choses,* dit-on, *si tu veux vivre content.* Ne valait-il pas mieux dire: *Faites ce qui est nécessaire, ce que la condition d'un être sociable exige, et comme elle exige qu'il soit fait?* Vous aurez ainsi la satisfaction d'avoir fait des actions honnêtes, et d'avoir fait un petit nombre d'actions; car la plupart de nos paroles et de nos actions sont inutiles; et, si on les retranche, on en aura plus de loisir et moins de trouble. Il faut donc se demander en chaque occasion: «Ceci n'est-il pas inutile?» Ce n'est pas seulement les actions inutiles qu'il faut retrancher, mais aussi les idées; car si on ne songe à rien d'inutile, on ne fera rien qui le soit.

XXV. Essaie de voir ce qu'il t'en arrivera de mener la vie d'un homme de bien, qui accepte avec résignation la part qui lui a été destinée des événements du monde, qui fait consister son bonheur à ne faire lui-même que des actions justes, et qui a le cœur plein de bienveillance pour les autres.

XXVI. Tu avais déjà vu de ces choses-là. Vois encore celle-ci. Ne te trouble pas, et que ton esprit s'ouvre.

Quelqu'un est-il en faute? Cette faute est pour lui seul.

T'est-il arrivé quelque chose? Fort bien. Tout ce qui t'arrive fait partie de l'univers; il fut lié dès le commencement à ta destinée, et filé, pour ainsi dire, avec elle.

Après tout, la vie est courte. Il est question de mettre à profit ce qui se présente, selon la raison et la justice.

Sois sobre dans le relâche que tu te donnes.

XXVII. Ou le monde a été bien ordonné, ou ce n'est qu'un mélange confus de matières entassées, qui cependant forment le monde. Mais quoi! se peut-il que dans ton corps il y ait de l'ordre, et que dans ce grand tout il n'y ait que désordre? et cela pendant que toutes ses parties sont distinctes et répandues comme elles le sont, et que tout marche d'accord?

XXVIII. Il y a des hommes d'un caractère noir, des hommes efféminés; d'autres, durs, sauvages, brutaux; d'autres, badins, lâches, faux, bouffons, trompeurs, tyrans.

XXIX. Si c'est être étranger dans le monde que d'ignorer ce qu'il y a, ce n'est pas l'être moins que d'ignorer ce qui s'y fait. Appelle esclave fugitif celui qui se dérobe à l'empire des lois; aveugle, celui qui a les yeux de l'intelligence fermés; pauvre, celui qui a besoin du secours d'autrui, et qui n'a pas en lui-même ce qui fait vivre heureux; abcès dans le corps de l'univers, celui qui se retire et se sépare de la raison de la commune nature, en recevant avec chagrin les événements, car c'est elle qui te les apporte et qui t'a apporté aussi; coupable de schisme dans la cité, celui qui détache son âme de la société des êtres raisonnables, car il n'y a dans le monde qu'une seule et même raison.

XXX. Celui-ci est philosophe, quoiqu'il n'ait pas de tunique. Celui-là l'est sans livres. L'un, à demi-nu, dit: «Je manque de pain, mais je reste fidèle à la raison.» Et un autre: «Je manque du secours des autres sciences, et cependant je ne me rebute pas.»

XXXI. Aime l'art que tu as appris; repose-toi dans le sein de la philosophie; passe le reste de tes jours en paix, comme ayant remis, du fond du cœur, entre les mains des dieux, le soin de tout ce qui te regarde. Et ne sois ni l'esclave des hommes ni leur tyran.

XXXII. Considère, par exemple, les temps de Vespasien. Tu y verras tout ce qu'on voit aujourd'hui: des gens qui se marient, qui élèvent des enfants, qui sont malades, qui meurent, qui font la guerre, qui célèbrent des fêtes. Tu y verras des marchands, des laboureurs, de vils courtisans, des hommes remplis d'orgueil, ou de soupçons, ou de mauvais desseins; quelques-uns qui souhaitent la mort d'autrui; d'autres qui se plaignent de l'état présent des choses; d'autres enfin qui s'occupent de folles amours, qui amassent des trésors, qui briguent le consulat, la royauté. Tous ces gens-là ont cessé de vivre; ils ne sont plus nulle part.

Passe en revue les temps de Trajan. Le spectacle se trouvera le même. Cet âge s'est encore évanoui.

Jette les yeux sur d'autres époques. Parcours toutes les nations de la terre. Vois combien d'hommes, après s'être bien tourmentés pendant leur vie, sont morts après une courte apparition, se sont résolus en leurs premiers éléments. Rappelle-toi surtout ceux de ta connaissance que tu as vus s'occuper de choses frivoles, sans jamais songer à faire les actions propres à la constitution d'un être raisonnable, ni s'attacher à cet unique moyen de vivre contents.

Il est encore nécessaire de te souvenir que le soin que tu donnes à chaque action doit être proportionné à sa valeur. De cette manière, tu n'auras pas le regret d'avoir donné à des choses de peu de conséquence plus d'attention qu'il ne convenait.

XXXIII. Nous n'entendons plus prononcer quantité de mots qui anciennement étaient en usage. Il en est de même aujourd'hui des noms des personnages les plus célèbres des temps passés, tels que Camille, Céson, Volésus, Léonatus; après eux Scipion et Caton; ensuite Auguste même, et Adrien, et Antonin. Ce sont comme des mots hors d'usage. Tout cela s'évanouit, passe bientôt au rang des fables, se perd entièrement dans l'oubli. Je dis les noms des personnages extraordinairement célèbres; car, pour les autres, dès qu'ils ont rendu le dernier soupir, personne ne les connaît, on ne prononce plus leur nom.

Mais, après tout, quand notre nom ne devrait jamais être oublié sur la terre, que serait-ce? Pure vanité. Que faut-il donc ambitionner? Une seule chose d'avoir l'esprit de justice, de faire des actions utiles à la société, d'éviter constamment tout mensonge, d'être disposé à recevoir chaque accident de la vie comme une chose nécessaire dans le monde, familière, et découlant du même principe et de la même source que nous.

XXXIV. Jette-toi volontairement dans les bras de la Parque. Laisse-la te filer la destinée qu'il lui plaira.

XXXV. Tout passe en un jour, et le héros, et le panégyriste.

XXXVI. Considère toujours que tout ce qui se fait n'est que changement de forme, et dis-toi bien que la nature n'aime rien tant qu'à changer les choses qui sont, pour en faire de nouvelles de même espèce. Tout ce qui existe est comme la semence de ce qui en viendra. Mais toi tu n'entends, par *semence,* que celle que l'on jette dans le sein de la terre ou d'une mère. C'est être bien grossier.

XXXVII. Tu mourras bientôt, et tu n'as pas encore des mœurs simples, tu n'es pas exempt de trouble, tu parais soupçonner encore que les choses extérieures peuvent te rendre malheureux, tu n'es pas bien disposé pour tous les hommes en général, tu ne fais pas consister la sagesse à ne faire que des actions justes!

XXXVIII. Examine bien comment ils ont la tête faite, surtout ceux qui ont de la prudence. Que fuient-ils? Que recherchent-ils?

XXXIX. Ton mal n'est pas dans l'esprit d'un autre, ni dans le changement et l'altération de ce qui enveloppe le tien. Où est-il donc? Il est dans la partie de toi-même qui juge des maux. Qu'elle ne juge donc plus, et tout ira bien. Quand bien même le corps, si voisin de cette partie, serait coupé, brûlé, ulcéré, pourri, qu'elle reste tranquille; ou plutôt qu'elle juge que ce qui arrive également à un homme vertueux et à un méchant, n'est ni bon ni mauvais. Car enfin ce qui arrive également à celui qui vit selon la nature et à celui qui viole ses lois, ne peut être ni selon la nature, ni contre la nature.

XL. Représente-toi sans cesse le monde comme un seul animal, composé d'une seule matière et d'une seule âme. Vois comment tout ce qui s'y passe se rapporte à un seul principe de sentiment; comment une seule impulsion y fait tout mouvoir; comment toutes ses productions y sont l'effet d'un concours de causes. Admire leur liaison et leur enchaînement.

XLI. Tu es une âme qui porte un cadavre, comme l'a dit Epictète.

XLII. Point de mal aux êtres qui changent, comme aucun bien pour ce qui les remplace.

XLIII. Le temps est comme un fleuve qui entraîne rapidement tout ce qui naît. Aussitôt qu'une chose a paru, elle est emportée. Une autre roule ensuite, pour être emportée à son tour.

XLIV. Tout ce qui arrive est aussi ordinaire et aussi commun que les roses le sont au printemps et les fruits des arbres en été. Telles sont la maladie, la mort, la calomnie, les conjurations, en un mot tout ce qui réjouit ou afflige les sots.

XLV. Les choses qui succèdent à d'autres sont de la famille de celles qui les ont précédées. Ce n'est pas comme une suite de nombres détachés, n'ayant chacun que sa valeur indépendante; elles ont au contraire une connexion fondée sur la raison. Et de même que, à l'origine, tous les êtres ont été combinés pour former un ensemble, de même ceux qui naissent de nouveau ne présentent pas une succession simple, mais une sorte de parenté digne d'admiration.

XLVI. Il ne faut jamais oublier le mot d'Héraclite: «La mort de la terre est de se tourner en eau; celle de l'eau, de se tourner en air; celle de l'air, de se tourner en feu, et réciproquement.»

Souviens-toi de celui qui avait oublié le terme et l'objet de sa route.

Rappelle-toi que les mêmes hommes qui passent leur vie dans le sein de la raison universelle qui gouverne le monde, ont néanmoins des pensées toutes contraires aux siennes, puisqu'ils trouvent étranges les choses qui tous les jours se rencontrent dans leur chemin.

Rappelle-toi encore qu'il ne faut point agir ni parler comme des gens qui dorment, car durant le sommeil aussi il leur semble qu'ils parlent et qu'ils agissent; qu'enfin il ne faut pas recevoir les opinions de nos pères comme des enfants, c'est-à-dire par la seule raison que nos pères les ont eues et nous les ont laissées.

XLVII. Si quelque dieu venait t'annoncer que tu dois mourir demain ou au plus tard après-demain, tu ne te soucierais pas beaucoup que ce fût après-demain plutôt que demain, à moins que tu ne fusses le plus lâche des hommes. Car quel serait ce délai? Pense de même qu'il t'importe peu de mourir demain ou après plusieurs années.

XLVIII. N'oublie pas combien il est mort de médecins qui souvent avaient froncé les sourcils auprès de leurs malades; combien d'astrologues qui avaient prédit avec emphase la mort des autres; combien de philosophes qui avaient débité avec confiance une infinité de systèmes sur la mort et l'immortalité; combien de guerriers fameux qui avaient immolé des milliers d'ennemis; combien de tyrans qui, avec une horrible férocité, avaient abusé de leur pouvoir sur la vie de leurs sujets, comme si eux-mêmes eussent été invulnérables; combien il est mort, pour ainsi dire, de villes entières, Hélice, Pompéi, Herculanum, et une infinité d'autres! Passe encore successivement à tous ceux que tu as connus. Tel qui avait enterré celui-ci, l'a été par celui-là, et tout cela en fort peu de temps. Ah! il ne faut jamais perdre de vue que toutes les choses humaines sont passagères et sans consistance. Hier l'homme était un simple germe; demain ce sera une momie ou de la cendre. Il faut donc passer cet instant de la vie conformément à notre nature, et nous soumettre à notre dissolution avec douceur, comme une olive mûre qui, en tombant, semble bénir la terre qui l'a portée, et rendre grâces à l'arbre qui l'a produite.

XLIX. Sois comme un cap contre lequel tous les flots de la mer se brisent. Il reste immobile, et autour de lui les bouillonnements de l'eau restent sans force.

Suis-je malheureux parce que telle chose m'est arrivée?

— Non, bien certainement. Je suis même heureux si je reste tranquille malgré cet accident, si je n'en suis ni abattu pour le moment, ni effrayé pour l'avenir. Car il pouvait en arriver autant à tel qui y aurait succombé. Pourquoi donc le regarder comme une infortune, et non comme un bonheur? Donneras-tu le nom d'infortune à ce qui ne saurait empêcher l'homme d'atteindre au but de sa nature? Et l'homme peut-il être mis hors d'état d'y atteindre par un événement qui n'altère point la constitution naturelle de son être? On t'a dit quelle était cette constitution. Ce qui vient d'arriver t'empêche-t-il d'être juste, magnanime, tempérant, sage, modeste, libre, et d'avoir les autres vertus dont l'exercice constitue essentiellement un être raisonnable? Souviens-toi donc, toutes les fois qu'un événement t'inspirera de la tristesse, de faire usage de cette maxime, que *ce n'est point un malheur d'éprouver des accidents, mais les supporter avec fermeté c'est un bonheur.*

L. Un secours vulgaire, mais très utile, pour apprendre à mépriser la mort, c'est de songer aux vieillards qui ont le plus tenu à la vie. Ont-ils quelque avantage sur ceux qui moururent jeunes? On doit trouver quelque part les tombeaux de Cadicien, de Fabius, de Julien, de Lépide et de leurs pareils, qui, après avoir enterré tant d'autres, l'ont été à leur tour. Toute vie est courte. Et encore dans quelles misères, dans quelle société, dans quel corps nous faut-il la passer? Ce n'est donc pas grand'chose. Regarde derrière toi l'immensité des temps, et devant toi un autre infini. Dans cet abîme, quelle est la différence de trois jours à trois siècles?

LI. Prends toujours le plus court chemin; c'est celui de la nature. Il consiste à faire et à dire ce qui est le plus juste et le plus droit. Cette façon de vivre épargne à l'homme beaucoup de peines et de combats; elle le délivre du soin de dissimuler et d'user d'adresse.

LIVRE CINQUIÈME

Le matin, lorsque tu sens de la peine à te lever, fais aussitôt cette réflexion: Je m'éveille pour faire mon œuvre d'homme. Dois-je être fâché d'aller faire les choses pour lesquelles je suis né, pour lesquelles j'ai été envoyé dans le monde? N'ai-je été créé que pour rester chaudement couché sous mes couvertures?

— Mais cela fait plus de plaisir!

— C'est donc pour avoir du plaisir que tu as reçu le jour, et non pour agir et pour travailler? Vois ces plantes, ces oiseaux, ces fourmis, ces araignées, ces abeilles qui de concert enrichissent le monde chacun de son ouvrage. Et toi, tu refuses de faire tes fonctions d'homme? Tu ne cours point à ce que ta nature exige?

— Mais il faut bien prendre quelque repos.

— La nature a mis des bornes à ce besoin, comme elle en a mis à celui de manger et de boire; et tu passes ces bornes, tu vas au-delà du besoin, tandis que, dans le travail, tu restes en deçà du possible. C'est que tu ne t'aimes pas toi-même; car, si tu t'aimais, tu aimerais aussi ta propre nature et ce qu'elle veut. Les artistes qui sont passionnés pour leur art sèchent sur leur ouvrage, sans se baigner et mangeant peu. Fais-tu moins de cas de ta nature que n'en fait un tourneur de son industrie, un comédien de son jeu, un avare de son argent, un ambitieux de sa folle vanité? Quand ces gens-là sont à leur ardent labeur, ils ont bien plus à cœur d'y faire des progrès que de dormir ou de manger. Or, les actions utiles à la société te paraîtront-elles moins honnêtes, moins dignes de ton amour?

II. Qu'il est aisé de repousser, d'anéantir toute imagination qui ne convient pas ou qui trouble l'âme, et de recouvrer en un instant une entière sérénité d'esprit!

III. Juge-toi digne de ne jamais dire ou faire que ce qui convient à ta nature. Que le blâme ou les discours d'autrui ne t'en imposent point. Si la chose est honnête à faire ou à dire, crois qu'elle n'est point indigne de toi. Les autres ont leur façon de penser, leurs inclinations; c'est leur affaire; n'y regarde pas. Va ton droit chemin; laisse-toi conduire par ta propre nature et par la nature commune. Il n'y a pour l'une et l'autre qu'une seule route.

IV. J'avance dans la route des devoirs que ma nature exige, jusqu'à ce qu'en tombant je trouve le repos, jusqu'à ce que je rende un dernier soupir à ce même air que je respire journellement, jusqu'à ce que je rentre dans cette même terre d'où mon père avait tiré les éléments de mon être, ma mère son sang, ma nourrice son lait; d'où chaque jour, depuis tant d'années, je tire ma nourriture et ma boisson; que je foule et qui me soutient, quoique j'abuse souvent de ses dons.

V. Tu n'es point en état de te faire admirer par la vivacité de ton esprit... A la bonne heure. Mais il y a bien d'autres choses sur lesquelles tu ne peux pas dire: *Je n'y suis pas propre.* Fais donc au moins tout ce qui dépend de toi. Sois sincère, grave, laborieux, continent; ne te plains pas de ton sort; contente-toi de peu; sois humain, libre, ennemi du luxe, ennemi des frivolités, magnanime. Ne sens-tu pas combien voilà de choses que tu peux faire dès à présent, sans pouvoir t'excuser sur ta faiblesse et sur ton insuffisance?

Cependant tu restes là dans une inaction volontaire. Est-ce donc faute de forces naturelles et par nécessité que tu murmures, que tu es lent et paresseux, que tu as de lâches complaisances, qu'après avoir accusé ton corps de tes défauts, tu le flattes, que tu es vain et que tu abandonnes ton âme à tant d'agitations? Non, par tous les dieux. Il n'a tenu qu'à toi d'être délivré depuis longtemps de ces défauts; car si tu es né avec un esprit lent et peu pénétrant, tu peux du moins juger ce défaut et t'exercer à le corriger, au lieu de le dissimuler et de te complaire dans ton indolence.

VI. Il y a tel qui, après avoir fait un plaisir à quelqu'un, se hâte de lui porter en compte cette faveur. Un autre ne fait pas cela, mais il a toujours présent à sa pensée le service qu'il a rendu, et il regarde celui qui l'a reçu comme son débiteur. Un troisième ne songe pas même qu'il a fait plaisir, semblable à la vigne qui, après avoir porté du raisin, ne demande rien de plus, contente d'avoir produit le fruit qui lui est propre. Le cheval qui a fait une course, le chien qui a chassé, l'abeille qui a fait du miel, et le bienfaiteur ne font point de bruit, mais passent à quelque autre action de même nature, comme fait la vigne qui, dans la saison, donne encore d'autres raisins.

— Faut-il donc être de ceux qui, pour ainsi dire, ne pensent jamais à ce qu'ils font?

— Oui, il le faut.

— Mais, dira quelqu'un, il faut bien savoir ce que l'on fait; car c'est le propre d'un être social de sentir qu'il fait une action convenable à la société, et de vouloir même, de par Jupiter, que son concitoyen le sente.

— J'avoue que ce que tu dis est vrai, mais tu prends trop à la lettre mes paroles; c'est pourquoi tu seras du nombre de ceux dont j'ai parlé d'abord, car ils ont aussi des raisons spécieuses qui les abusent. Si tu veux mieux entendre ce que j'ai dit, ne crains pas que cela te fasse jamais perdre l'occasion de faire quelqu'une des actions qu'exige la société.

VII. La prière de chaque Athénien était: «Fais pleuvoir, ô bon Jupiter, fais pleuvoir sur nos champs et sur tout le terroir d'Athènes.» En effet, ou il ne faut point prier du tout, ou il faut prier de cette façon, simplement et noblement.

VIII. Ce qu'on dit communément d'un médecin, qu'il a ordonné à un malade de monter à cheval, ou de se baigner dans l'eau froide, ou de marcher pieds nus, on peut le dire aussi de la nature de l'univers, qu'elle a ordonné à tel homme de faire une maladie, ou d'être estropié, ou de faire telle perte, ou autres choses semblables. Car comme ce mot *ordonné* signifie, pour le médecin, qu'il a mis en ordre les moyens propres à rétablir la santé, il signifie de même, à l'égard de la nature, qu'elle a mis ce qui arrive à chacun dans l'ordre qui convenait à la destinée générale; et nous disons *convenait* dans le même sens qu'un architecte dit que les pierres carrées conviennent à un mur ou à une pyramide, parce qu'elles s'y arrangent bien les unes avec les autres pour faire un certain tout.

En général, il n'y a qu'une seule harmonie; et comme l'ensemble de tous les corps fait le monde entier tel qu'il est, ainsi le jeu de toutes les causes produit une condition particulière qu'on nomme destinée. Ce que je dis est bien connu, même des plus ignorants, car ils disent: «Son destin le portait ainsi.» C'est dire: le portait par une certaine disposition des choses.

Recevons donc ce qui arrive comme nous recevons les ordonnances des médecins. Il y a dans ce qu'ils ordonnent bien des choses désagréables, auxquelles pourtant nous nous soumettons de bon gré, dans l'espérance de guérir. Regarde l'exécution et l'accomplissement de ce que la commune nature a jugé à propos d'ordonner, du même œil que ta santé. Soumets-toi de bon gré à tout ce qui arrive, quelque dur que cela te paraisse, comme à une chose qui doit contribuer à la santé du monde, au succès des vues du grand Jupiter, et à son bon gouvernement; car il ne te l'eût point envoyé, s'il n'eût eu en vue l'utilité de l'univers. La nature ne porte jamais rien qui ne convienne à ce qu'elle gouverne.

Voici donc deux raisons pour toi d'aimer tout ce qui t'arrive. La première, c'est que cela fut fait pour toi, combiné pour toi, et qu'il t'appartenait en quelque sorte, ayant été lié là-haut à ton existence par une suite de très anciennes causes; la seconde, c'est que ce qui a été affecté à chacun en particulier contribue au succès des vues de celui qui gouverne toutes choses, et à leur donner de la perfection et même de la consistance. Car le grand tout se trouverait mutilé, si tu pouvais retrancher quelque chose de la continuité et de la liaison tant de ses parties que de son action; or, tu fais, autant que tu le peux, ce retranchement, lorsque tu supportes avec peine un accident et que tu l'ôtes en quelque sorte du monde.

IX. Point d'ennui, point de découragement, point de dépit contre toi-même, si toutes tes actions ne répondent pas toujours à tes bons principes. T'en es-tu écarté? reviens-y; contente-toi d'avoir réussi à faire souvent des actions plus dignes d'un homme, et d'aimer toujours cette philosophie dont tu te rapproches. N'y retourne pas comme un écolier que l'on renvoie à son maître, mais comme un homme qui, ayant mal aux yeux, va de lui-même chercher une petite éponge, un œuf, un cataplasme ou une lotion. Ainsi personne ne te montrera à suivre la raison. Tu te rendras à elle de ton propre mouvement.

Rappelle-toi que la philosophie exige simplement que tu vives d'une manière conforme à la nature. Eh quoi! tu voudrais vivre contre ta propre nature? Voyons lequel des deux est le plus agréable. Le goût du plaisir nous fait souvent illusion dans ces sortes de recherches; mais examine bien si on ne goûte pas plus de satisfaction du côté où se trouve la grandeur et l'égalité d'âme, la liberté, la simplicité, la sainteté des mœurs. Qu'y a-t-il encore de plus attrayant que l'étude de la prudence qui, nous découvrant les principes certains et les justes conséquences des choses, nous fait éviter l'erreur et réussir dans nos entreprises?

X. Toutes choses sont couvertes, pour ainsi dire, d'un voile si épais, que bien des philosophes de mérite ont cru qu'on ne pouvait absolument en connaître le fond, et les stoïciens eux-mêmes pensent que la connaissance en est au moins difficile. Toutes nos opinions sont sujettes à erreur; car où est celui qui ne se trompe jamais? Passe maintenant aux objets que nous pouvons posséder. Qu'ils sont de peu de durée! Et qu'ils sont méprisables, puisqu'ils peuvent être entre les mains d'un débauché, d'une courtisane, d'un brigand! Porte ensuite tes regards sur les mœurs de ceux qui vivent avec toi. Le plus agréable d'entre eux est à peine supportable; que dis-je? à peine aucun d'eux peut-il se supporter lui-même.

Au milieu donc de tant d'obscurité, de toute cette ordure, de ce torrent qui emporte la matière, le temps, les mouvements particuliers et tout ce qui se meut, je ne vois pas ce qui peut mériter de l'estime ou le moindre attachement. On en est réduit au contraire à se consoler soi-même en attendant sa propre dissolution; mais il faut l'attendre sans se chagriner du retard, et chercher son repos dans ces deux seuls principes: l'un, qu'il ne m'arrivera rien qui ne soit dans les dispositions de la nature universelle; l'autre, qu'il dépend de moi de ne rien faire contre mon dieu et mon génie; car nulle puissance au monde ne peut me contraindre à leur désobéir.

XI. Quel est enfin l'usage que je fais à présent de mon âme? C'est ce qu'il faut se demander en chaque occasion, et sur quoi il faut s'examiner. En quel état se trouve actuellement cette partie de moi-même qu'on appelle avec raison mon guide? Quelle est l'âme que j'ai présentement? Est-ce l'âme d'un enfant? d'un jeune homme? d'une femmelette? d'un tyran? d'une bête de somme? d'un animal féroce?

XII. Tu connaîtras aussi par cette remarque l'opinion que le vulgaire a du bien.

Si on fait à quelqu'un la peinture de ce qui est essentiellement bon, par exemple de la prudence, de la tempérance, de la justice, de la force, il n'entendra pas sans peine que l'on ajoute quelque bon mot à cette image, parce qu'il en jugera par son idée du bien. Mais si on lui peint ce que le peuple croit être des biens, il entendra et recevra le mot du poète comique. Par là il montre qu'il sent les différences; car autrement il serait choqué de la plaisanterie et la jugerait mauvaise. En effet, nous l'excusons tous et la trouvons agréable et à propos, lorsqu'il s'agit des richesses, du luxe, ou de la pompe d'une grande fortune.

Va donc, et demande s'il faut honorer et regarder comme de vrais biens des choses dont la peinture est susceptible de ce bon mot: *Sa maison est si pleine de richesses, qu'il n'a pas où chier.*

XIII. J'ai été composé de matière et de quelque chose qui agit en moi comme cause. Et comme ni l'un ni l'autre n'ont été faits de rien, ni l'un ni l'autre ne seront anéantis. Ainsi toute partie qui est en moi sera changée en quelque autre partie du monde, et celle-ci en une autre, à l'infini. C'est par un de ces changements que j'ai existé, que mes parents ont existé, et de même en remontant plus haut indéfiniment. On peut s'exprimer de cette sorte, quoique le monde soit destiné à éprouver les révolutions fixées par celui qui le gouverne.

XIV. La raison et le raisonnement sont des facultés qui se suffisent à elles-mêmes et aux opérations qui leur sont propres. Elles ne tirent que d'elles-mêmes leur activité, et vont droit au but qu'elles se sont proposé sans secours étranger. C'est ce qui a rendu commune cette façon de parler: *la droite raison.*

XV. Ne vante pas le prix de tous ces prétendus biens qui n'ajoutent rien à la valeur de l'homme en tant qu'homme. Ils ne font pas partie des qualités qu'on exige de lui. Sa nature ne demande nullement qu'il en jouisse. Ils ne peuvent le rendre plus parfait. Ainsi le bonheur auquel il tend ne consiste point à les posséder; ils ne contribuent pas même à le lui procurer.

De plus, si l'homme qui possède quelqu'un de ces biens en valait mieux, ce ne serait donc pas une perfection que de les mépriser, que de les rejeter. Il ne serait donc plus beau de savoir s'en passer. Ce ne serait donc point un acte de vertu que de s'en dépouiller. Mais nous voyons, au contraire, que plus un homme s'abstient de tous ces prétendus biens, ou qu'il se résigne à en être privé, plus il passe pour vertueux.

XVI. Telles seront tes pensées habituelles, tel sera ton esprit; car notre âme se nourrit de pensées. Nourris-la donc sans cesse de ces réflexions: Partout où l'on peut vivre, on y peut bien vivre. On peut vivre à la cour, donc on peut aussi bien vivre à la cour. De plus, chaque être se porte vers l'objet pour lequel il a été fait. Cet objet est sa fin, et ce n'est que dans sa fin qu'il peut trouver son bien-être et son avantage. Or le bien-être d'un animal raisonnable est dans la société humaine, car il y a longtemps qu'on a démontré qu'il a été fait pour vivre en société. N'est-il pas, en effet, évident que les êtres moins parfaits ont été faits pour ceux qui le sont davantage, et ceux-ci les uns pour les autres? Ce qui est animé vaut mieux que ce qui ne l'est pas; et, parmi les êtres animés, ceux qui ont la raison l'emportent.

XVII. C'est folie d'aspirer à des choses impossibles; or il est impossible que les méchants ne fassent pas ce qu'ils font.

XVIII. Il n'arrive à personne rien qu'il ne soit en état de supporter naturellement. Les mêmes accidents sont arrivés à d'autres qui, par défaut de connaissance ou par ostentation de grandeur d'âme, sont restés fermes et insensibles à ce qui leur arrivait. N'est-il pas étonnant que l'ignorance et la vanité aient plus de pouvoir que la sagesse?

XIX. Les choses elles-mêmes ne touchent notre âme en aucun endroit. Il n'y a pour elles nul accès jusqu'à l'âme. Elles ne peuvent ni la changer ni la mouvoir. Seule l'âme se change et se meut elle-même; et tels sont les jugements qu'elle croit devoir porter, tels deviennent pour elle les objets du dehors.

XX. En un sens tout homme me tient de très près, puisque je dois lui faire du bien et le tolérer; mais, d'un autre côté, lorsqu'il veut mettre obstacle aux actions qui me sont propres, l'homme devient pour moi un être aussi indifférent que le soleil, le vent, ou une bête féroce. Ces choses pourraient aussi mettre obstacle à mon action; mais aucune d'elles n'en peut mettre au mouvement de mon cœur ni à mon vouloir, parce que j'y ai mis une condition, et que je suis le maître d'en transformer l'objet. Mon âme, en effet, a le pouvoir de transformer par la pensée l'action que je ne peux faire en quelque chose de meilleur; en sorte que ce qui arrête un ouvrage projeté devient l'ouvrage, et que ce qui s'oppose à ma route me devient une route.

XXI. Honore ce qu'il y a de plus puissant dans le monde: c'est l'être qui se sert de tout et qui gouverne tout. Honore aussi ce qu'il y a de puissant en toi: c'est un être semblable au premier; car il se sert pareillement des autres choses qui sont en toi, et il gouverne ta vie.

XXII. Ce qui ne nuit point à la cité ne nuit point au citoyen. Sers-toi de cette règle toutes les fois que tu t'imagines avoir été offensé: Si la cité n'en est point blessée, je ne l'ai pas été non plus. Et si la cité en est blessée, il ne faut pas en vouloir au coupable. A quoi sert-il de le regarder de travers?

XXIII. Considère souvent la rapidité avec laquelle tout ce qui existe et ce qui naît est emporté et disparaît après une course incertaine; car la matière s'écoule sans cesse comme un fleuve. Les opérations naturelles et leurs causes ne produisent que des changements continuels et des transformations; il n'y a presque rien de stable et de permanent. Regarde encore de près cette immense étendue du passé et de l'avenir, dans laquelle tout s'évanouit.

N'est-il donc pas fou celui qui, pour de tels objets, s'enorgueillit, ou se tourmente, ou se plaint comme en étant importuné? Combien de temps l'est-il? Et que ce temps est court!

XXIV. Souviens-toi de la substance universelle, dont tu n'es qu'un atome; de l'éternité entière, dans laquelle tu n'as en partage qu'un instant très court et presque insensible; du destin général, dont tu es une part si petite.

XXV. Quelqu'un me manque? C'est son affaire. Son cœur, ses actions sont à lui. Moi, j'ai maintenant ce que la commune nature m'envoie; et je fais maintenant ce que ma nature particulière exige de moi.

XXVI. Que la partie directrice et dominante de ton âme reste inébranlable, malgré les impulsions douces ou rudes que la chair éprouve. Qu'au lieu de se confondre avec la chair, elle se renferme chez elle, et qu'elle confine les passions dans le corps. Si, par une sympathie dont la cause ne dépend pas d'elle, la passion s'étend jusqu'à l'esprit, à cause de son union avec le corps, alors il ne faut pas s'efforcer de repousser un sentiment qui est dans l'ordre naturel; mais que ton guide se garde bien d'y ajouter, de son chef, l'opinion que c'est là un bien ou un mal.

XXVII. Vivre avec les dieux.

C'est vivre avec eux que leur faire voir en toute occasion une âme satisfaite de son partage et docile aux inspirations de ce génie émané de la substance du grand Jupiter, de ce génie que le père des dieux a donné à chacun de nous pour protecteur et pour guide. Et ce génie, c'est notre esprit et notre raison.

XXVIII. Te mets-tu en colère contre quelqu'un qui sent le bouc? Te mets-tu en colère contre celui qui à l'haleine mauvaise? Qu'y peuvent-ils faire? La bouche de l'un, les aisselles de l'autre sont ainsi faites; il est impossible que d'un tel corps il ne sorte pas une telle odeur. — Mais, dira-t-on, l'homme a la raison; il peut, avec de l'attention, reconnaître en quoi il pèche. — Eh bien, toi aussi tu as de la raison; sers-t-en pour émouvoir la sienne, montre-lui son devoir, avertis-le de sa faute;

s'il t'écoute, tu le guériras. Il est inutile de se fâcher.

Ne ressemble ni à un acteur qui joue un rôle de héros, ni à une courtisane.

XXIX. Tu peux vivre ici comme penserait vivre un homme qui s'est retiré du monde. Si on ne t'en laisse pas la liberté, alors sors de la vie, non pas pourtant en homme qui souffre un mal véritable. «Il y a de la fumée ici, je m'en vais.» Crois-tu que ce soit là une bien grande affaire? Mais tant qu'une raison de ce genre ne m'oblige à m'en aller, je reste libre. Personne ne m'empêchera de faire ce que je veux, et je ne veux rien qui ne soit conforme à la nature d'un être raisonnable et sociable.

XXX. L'esprit de l'univers aime l'union, l'harmonie des choses. Il a donc fait les choses les moins parfaites pour les plus parfaites, et il a fait celles-ci les unes pour les autres. Tu vois l'ordre avec lequel il a subordonné et combiné toutes choses. Il a donné des facultés à chacune suivant sa dignité, et il a inspiré aux meilleures une inclination réciproque.

XXXI. Comment t'es-tu comporté jusqu'à présent envers les dieux, tes parents, tes frères, ta femme, tes enfants, tes maîtres, tes gouverneurs, tes amis, tes officiers, tes domestiques? N'as-tu point à te reprocher d'avoir manqué à quelqu'un d'eux par tes actions ou par tes paroles?

Rappelle-toi par quels événements tu as passé, et tout ce que tu as eu la force de supporter; souviens-toi que l'histoire de ta vie est complète, et que tu as consommé ton ministère.

Combien as-tu vu de belles actions?

As-tu souvent méprisé la volupté, la douleur, la vaine gloire?

Combien d'ingrats as-tu traités avec bonté?

XXXII. Pourquoi des âmes grossières et ignorantes communiquent-elles leur trouble à une âme cultivée et instruite? — Mais qu'est-ce qu'une âme cultivée et instruite? — C'est celle qui connaît l'origine des êtres et leur fin, et cette raison divine qui, pénétrant tout ce qui existe, fait passer l'univers, dans le cours des siècles, par les différentes révolutions dont elle avait réglé l'ordre et la suite.

XXXIII. Dans un instant, il ne restera plus de toi que de la cendre, un squelette, un nom... pas même un nom, car le nom n'est qu'un bruit, un écho. Ce qu'on estime le plus dans la vie n'est que vanité, pourriture, petitesse. Des chiens qui se battent, des enfants qui se disputent, qui rient, et qui pleurent le moment d'après. La foi, la pudeur, la justice, la vérité ont quitté la terre pour s'envoler au ciel. Qu'est-ce qui t'attache ici-bas? Sont-ce les objets sensibles? Mais ils changent, ils n'ont point de solidité. Sont-ce tes sens? Mais ils t'éclairent mal; ils sont sujets à erreur. Est-ce tes esprits vitaux? Mais ce n'est qu'une vapeur du sang. Est-ce le désir de devenir célèbre parmi ces hommes? Ce n'est rien. Pourquoi donc n'attends-tu pas paisiblement le moment de t'éteindre ou de changer de place? Et jusqu'à ce que ce moment arrive, te faut-il autre chose pour vivre content, que d'honorer et bénir les dieux, faire du bien aux hommes, savoir souffrir et t'abstenir, et ne jamais oublier que tout ce qui est extérieur à ton corps et à ton âme n'est ni à toi ni sous ta puissance?

XXXIV. Il dépendra toujours de toi de mener une vie heureuse, si tu veux suivre le droit chemin, si tu penses et te conduis bien.

Il y a deux vérités communes à l'esprit de Dieu, à celui de l'homme et de tout être raisonnable: l'une, que rien n'est capable d'arrêter son action; l'autre, que son bonheur consiste à vouloir et à faire des choses justes, et à borner là tous ses désirs.

XXXV. Pourquoi me troubler, s'il n'y a là ni méchanceté de ma part, ni effet de ma méchanceté, et si l'ordre du monde n'en est pas blessé? Mais comment le serait-il?

XXXVI. Ne te laisse point entraîner inconsidérément par l'imagination; mais viens, autant qu'il se peut et se doit, au secours des affligés, même s'ils ne sont privés que de biens extérieurs. Garde-toi cependant de croire que cette privation soit un vrai mal; ce préjugé commun est un abus. Imite alors la conduite de ce vieillard qui, en s'en allant, priait son élève de lui prêter sa toupie; il savait pourtant très bien ce que c'était qu'une toupie.

O homme, tu viens de haranguer le peuple avec de grands cris; as-tu donc oublié ce que c'est au fond que ton art et ce peuple?

— Non, je ne l'ai pas oublié, mais ils estiment et recherchent toutes ces choses-là.

— Faut-il donc que tu sois fou parce qu'ils le sont? Je le fus autrefois. En quelque lieu qu'un homme soit abandonné à lui-même, il peut vivre heureux; mais il ne saurait l'être qu'autant qu'il se ferait à lui-même une bonne fortune; or, la bonne fortune, ce sont de bonnes habitudes de l'âme, de bons désirs de bonnes actions.

LIVRE SIXIÈME

La matière de tous les êtres est obéissante et souple entre les mains de la raison suprême qui en dispose. Cette raison divine n'a dans son essence aucun principe qui la porte à leur faire du mal, car elle n'a en soi aucune malice. Aussi ne fait-elle aucun mal; mais, en produisant toutes choses, elle les conduit à leur fin.

II. Quand il s'agit de faire ton devoir, qu'importe que tu aies froid ou chaud, que tu aies envie de dormir ou non, qu'on te blâme ou qu'on te loue, que tu meures ou que tu fasses quelque autre chose? Mourir est une fonction de la vie, et, en cela comme dans tout le reste, il suffit de bien faire ce qu'on fait dans le moment présent.

III. Regarde au-dedans des choses. Prends garde de te tromper sur la qualité, sur la valeur de chaque objet.

IV. Tous les objets que tu vois changeront bientôt. Ils finiront par s'évaporer, si leur substance est uniforme, ou par se résoudre en leurs divers éléments.

V. La raison qui gouverne l'univers connaît parfaitement sa propre nature; elle sait ce qu'elle fait et sur quelle matière elle agit.

VI. La meilleure manière de se venger d'un ennemi, c'est de ne pas lui ressembler.

VII. Que ton seul plaisir, que ton unique délassement soit de passer d'une action sociale à une autre action sociale, en te souvenant toujours de Dieu.

VIII. L'esprit qui commande dans l'homme est ce principe qui se donne à lui-même le mouvement, qui se modifie et se fait lui-même ce qu'il veut être; il fait que tout ce qui arrive lui paraît être tel qu'il le veut.

IX. Toutes choses s'accomplissent suivant l'ordre de la nature universelle, et non suivant les impressions de quelque autre cause qui l'envelopperait extérieurement, ou qui serait renfermée dans son sein, ou suspendue en dehors d'elle.

X. Ou tout est un amas confus d'atomes qui, après s'être assemblés, se dispersent; ou bien tout a été uni et arrangé, ce qui suppose une providence. Dans le premier cas, pourquoi souhaiterais-je de rester plus longtemps au milieu d'un assemblage fait au hasard, au milieu d'un bourbier? Devrais-je avoir d'autre désir que de devenir terre à tous égards? Pourquoi me troubler? Car, quoi que je fasse, la force de dispersion parviendra jusqu'à moi. Mais, s'il en est autrement, j'adore l'être qui me gouverne, et je mets en lui tout mon repos, toute ma confiance.

XI. Lorsque les objets qui t'environnent te font éprouver malgré toi une sorte de trouble, reviens à toi au plus vite, et ne sors de cadence que le moins qu'il se pourra. Tu seras d'autant plus maître de la mesure que tu y reviendras plus souvent.

XII. Si tu avais en même temps une marâtre et une mère, tu pourrais rendre des devoirs à la première, mais tu reviendras continuellement auprès de l'autre. Ta marâtre, c'est la cour, et ta mère, c'est la philosophie. Rapproche-toi donc souvent de celle-ci et va te reposer dans ses bras; c'est elle qui te rend la cour supportable, et qui te rend supportable à la cour.

XIII. Quelle idée faut-il que je prenne des viandes et autres aliments qu'on me sert? Ceci est un cadavre de poisson; cela, un cadavre d'oiseau, ou de cochon; de même aussi cet excellent vin est un peu de jus exprimé de quelques grappes de raisin; cette robe de pourpre, un tissu de poils de brebis imbibé du sang d'un coquillage. Quant aux plaisirs de l'amour, c'est une excitation de l'organe suivie d'une excrétion et d'une sorte de spasme. Ces idées, qui vont droit au fait et qui percent au-dedans des objets, donnent à connaître tout ce qu'ils sont. Il faut en user ainsi sur toutes les choses de la vie. Sitôt qu'un objet se présente à l'imagination comme fort estimable, il faut le mettre à nu, considérer son peu de valeur, le dépouiller de tout ce qui lui donne un air de dignité. Un beau dehors est un dangereux séducteur. Lorsque tu crois le plus fortement ne t'attacher qu'à une chose honnête, c'est alors qu'elle te fait le plus d'illusion. Vois donc ce que Cratès et Xenocrate disent à ce sujet.

XIV. La plupart des choses que le vulgaire admire se réduisent aux objets très communs que l'on distingue par leur consistance ou par leur nature végétative, comme les pierres, le bois, les figuiers, les vignes, les oliviers. Les gens médiocres font cas des êtres doués de vie, par exemple du bétail, des troupeaux. Ceux qui ont plus de goût que ces derniers estiment les êtres raisonnables, non parce qu'ils sont éclairés de la raison universelle, mais autant qu'ils ont du génie pour les arts, ou pour une industrie quelconque; ou bien ils cherchent à rassembler chez eux un grand nombre d'esclaves, sans avoir d'autre objet que leur multitude. Mais celui qui honore cette raison universelle qui gouverne le monde et les sociétés, ne fait aucun cas de toutes ces choses; il ne s'étudie qu'à régler ses affections et ses mouvements sur ce qu'exigent de lui la raison universelle et l'intérêt de la société, et qu'à aider ses semblables à faire de même.

XV. Un individu se hâte d'être, un autre de n'être plus; et de tout ce qui est né, quelque portion s'est déjà éteinte. Ces écoulements, ces altérations renouvellent continuellement le monde, comme la fuite continuelle du temps le rend et le rendra éternellement nouveau. Mais au milieu de ce courant où il n'y a rien de stable, qui donc pourrait faire cas de choses si passagères? Ce serait se prendre d'affection pour un oiseau qui vole et qu'on perd de vue en un instant. Notre vie n'est autre chose que la vapeur sortie du sang, et la respiration de l'air. Vois ce que c'est qu'aspirer l'air une fois, et puis le rendre comme nous le faisons continuellement. C'est la même chose de rendre toute entière à la source de qui tu la tiens cette faculté de respirer que tu as reçue en naissant hier ou avant-hier.

XVI. Ce qui rend l'homme estimable, n'est pas de transpirer comme les plantes, ni de respirer comme les animaux domestiques ou les bêtes sauvages, ni d'avoir une imagination propre à recevoir l'impression des choses, ni d'être secoué par ses appétits, comme une marionnette l'est par les cordons qu'on tire ou qu'on lâche, ni de vivre en troupeau, ni de savoir prendre de la nourriture; car se nourrir et rejeter ce qu'il y a de superflu dans les aliments, ce sont des fonctions du même genre.

Qu'est-ce donc qui honore véritablement l'homme? Est-ce d'être accueilli avec des battements de mains? Non, ni par conséquent de l'être avec des acclamations et des louanges, puisque les acclamations et les louanges de la multitude ne sont qu'un vain bruit. Laissons donc là cette méprisable gloire.

Que reste-t-il alors qui distingue et relève en effet un homme? C'est, à mon avis, de savoir diriger et contenir tous les mouvements de son âme, au point de ne faire que des actions propres à la constitution d'un être raisonnable; imitant en cela les gens d'art et de métier, qui ne tendent tous qu'à faire en sorte que leurs ouvrages répondent au dessein pour lequel on les a faits. Tel est le but du jardinier, du vigneron, de celui qui dompte des chevaux ou qui dresse des chiens. A-t-on un autre but dans l'éducation et l'instruction qu'on nous donne?

Voilà donc ce qui rend l'homme véritablement digne d'estime; et si tu parviens une fois à cette perfection, tout autre objet te deviendra indifférent.

Quand cesseras-tu de faire cas de tant d'autres choses? Si tu les estimes, tu ne seras jamais libre, ni content de toi, ni exempt de trouble; car tu auras nécessairement de l'envie, de la jalousie, des soupçons contre ceux qui pourraient t'enlever ces biens imaginaires; tu tendras même des pièges à ceux qui possèdent ce que tu estimes tant. Or, il est impossible qu'avec de tels désirs on ne soit pas dans le trouble, et qu'on ne murmure pas contre les dieux; au lieu que l'homme qui honore et respecte uniquement son âme, est toujours content de lui-même, agréable aux autres hommes, et d'accord avec les dieux, c'est-à-dire qu'il les remercie de tout ce qu'ils lui envoient et qu'ils lui avaient destiné.

XVII. En haut, en bas, ou en cercle, c'est ainsi que se meuvent les éléments. La vertu, dans son allure, n'offre rien de semblable. C'est quelque chose de plus divin. Elle va par un chemin difficile à comprendre, et arrive à son but.

XVIII. Quelle conduite! Ils ne veulent pas louer leurs contemporains, leurs concitoyens, et ils font grand cas d'être loués de la postérité, de gens qu'ils n'ont jamais vus ni connus. C'est à peu près comme si tu t'affligeais de n'avoir pas été loué par les hommes du siècle passé.

XIX. Si une chose te paraît difficile à faire, songe qu'elle n'est pas impossible à l'homme; et si un autre peut la faire, si même elle convient à tout homme, songe que tu peux y atteindre aussi.

XX. En faisant ensemble nos exercices, quelqu'un nous a égratignés ou blessés d'un coup de tête. Nous ne nous en plaignons pas, nous ne nous tenons pas pour offensés, et dans la suite nous ne nous défions pas de cet homme comme d'un traître; nous nous gardons simplement de lui, sans inimitié ni soupçon; nous nous contentons de l'éviter doucement. C'est ainsi qu'il faut faire dans tous les autres détails de la vie. Passons bien des choses à ceux qui, pour ainsi dire, s'exercent avec nous. Il ne nous est pas défendu, comme je l'ai dit, d'éviter certaines gens, mais il ne faut avoir ni soupçon ni haine.

XXI. Si quelqu'un peut me convaincre et me prouver que je pense ou me conduis mal, je me corrigerai avec plaisir; car je cherche la vérité, qui n'a jamais fait de mal à personne; au lieu que c'est un vrai mal de se tromper et de s'ignorer soi-même.

XXII. Pour moi, je fais ce qui convient à ma nature. Rien du dehors ne m'en détournera, car ce sont des êtres sans âme, ou sans raison, ou égarés et qui ignorent le bon chemin.

XXIII. Puisque tu as la raison en partage, use librement de ta supériorité sur les bêtes, et en général sur tout ce qui manque de raison. Quant aux hommes, puisqu'ils ont la raison, traite-les comme étant leur concitoyen. Mais, en toutes choses, invoque les dieux.

Ne te demande pas combien de temps tu auras à vivre ainsi; car une telle vie n'eût-elle duré que trois heures, ce serait assez.

XXIV. Alexandre de Macédoine et son muletier ont été réduits en mourant au même état; car ou ils sont rentrés également dans la pépinière de tous les êtres du monde, ou ils se sont également dissipés en atomes.

XXV. Songe combien de mouvements divers se passent, en un instant, dans le corps et dans l'âme de chacun de nous, et tu ne seras plus étonné du concours des événements qui se passent en beaucoup plus grand nombre dans cet être unique et universel que nous appelons le monde.

XXVI. Si quelqu'un te demande comment s'écrit le nom d'Antonin, aussitôt, élevant ta voix, tu lui en diras toutes les lettres. Mais si on s'avise de vouloir disputer sur cela, t'amuseras-tu à disputer aussi? Ne continueras-tu pas de prononcer tranquillement toutes les lettres l'une après l'autre? Fais de même dans la vie; souviens-toi que chacun de tes devoirs est composé d'un certain nombre d'actions suivies: il faut les accomplir, et, sans te troubler, sans te fâcher contre ceux qui se fâchent, marcher tout droit au but que tu t'es proposé.

XXVII. Il y a une sorte d'inhumanité à ne pas permettre aux hommes de se porter aux choses qui leur paraissent convenables et utiles; et tu sembles le leur défendre, lorsque tu te fâches contre eux de leurs fautes; car ils ne se portent à ce qu'ils font que parce qu'ils y voient leur convenance et leur utilité.

— Mais, diras-tu, ils se trompent.

— Détrompe-les donc, et instruis-les, mais sans te fâcher.

XXVIII. La mort met heureusement fin à l'agitation que les sens communiquent à l'âme, aux violentes secousses des passions, à la mobilité, aux écarts de la pensée, à la servitude que la chair nous impose.

XXIX. C'est une honte que, dans la vie que tu mènes, dans cette vie où ton corps ne succombe point aux fatigues, ton âme succombe la première.

XXX. Prends garde de te croire supérieur à toute loi, comme les mauvais empereurs. Prends garde de faire naufrage; il n'y en a que trop d'exemples. Persiste donc à vouloir être simple, bon, de mœurs pures, grave, ennemi des plaisanteries, juste, religieux, bienfaisant, humain, ferme dans la pratique de tes devoirs. Fais de nouveaux efforts pour demeurer tel que la philosophie a voulu te rendre. Révère les dieux et rends service aux hommes. La vie est courte; le seul avantage qu'il y ait à passer quelque temps sur la terre, c'est de pouvoir y vivre saintement, et y faire des actions utiles à la société.

Fais toutes choses en vrai disciple de Titus Antonin. Rappelle-toi sa constance à ne faire que des choses raisonnables, l'égalité de son humeur dans toutes les situations, sa piété, la sérénité de son visage, son extrême douceur, son éloignement pour la vaine gloire, son ardeur à pénétrer les affaires: il ne laissait rien passer sans l'avoir examiné à fond et parfaitement compris. Il souffrait patiemment les reproches injustes qu'on lui faisait, et n'y répondait jamais par d'autres reproches. Il ne faisait rien avec précipitation; il n'écoutait point les délateurs, mais il examinait avec soin les mœurs et les actions de tout le monde. Il n'était ni médisant, ni timide, ni soupçonneux, ni pédant. On ne voyait rien de trop dans les ornements de sa demeure, de son lit, de ses vêtements, ni sur sa table, ni dans le nombre de ses domestiques. Rappelle-toi encore son amour pour le travail et sa longue application. On était étonné de le voir rester jusqu'au soir sans qu'il fût obligé de s'interrompre pour des besoins naturels, dont les heures étaient réglées, fruit de sa sobriété. Souviens-toi de sa persévérance dans l'amitié, sans aucune variation. Il ne trouvait pas mauvais que l'on contredît avec liberté ses sentiments; et si quelqu'un proposait une meilleure idée, il en marquait de la joie. Souviens-toi enfin que son éloignement pour la superstition égalait sa piété, et passe ta vie avec la même pureté de conscience, afin que ta dernière heure te trouve comme elle l'a trouvé.

XXXI. Reviens de ton ivresse. Rappelle tes esprits. Réveille-toi. Reconnais que c'est un rêve qui te troublait. Une fois éveillé, rappelle à ton imagination l'objet de ce trouble, tel que tu avais cru le voir auparavant.

XXXII. Je suis composé d'un corps et d'une âme. Tous est indifférent au corps, puisqu'il ne peut rien discerner. Quant à mon entendement, tout ce qui n'est pas ses propres opérations lui est indifférent. Or tout ce qui est ses propres opérations dépend de lui: ce qui doit s'entendre uniquement de ses opérations présentes; car pour ce qui est de ses opérations à venir ou passées, elles lui sont indifférentes actuellement.

XXXIII. La main ni le pied ne font un travail au-dessus de leur nature, tant que le pied ne fait que les fonctions du pied, et la main celles de la main. Il en est de même de l'homme, comme homme: ce n'est pas pour lui un travail au-dessus de sa nature de remplir les devoirs d'un homme; et s'il n'y a rien là au-dessus de sa nature, il n'y a point de mal pour lui.

XXXIV. De quelles voluptés les brigands, les débauchés, les parricides, les tyrans ne firent-ils pas l'essai?

XXXV. Ne vois-tu pas comment se conduisent les artisans? Quoiqu'ils cèdent jusqu'à un certain point aux volontés des ignorants, néanmoins ils se tiennent toujours aux règles de leur profession, et ne s'en laissent point écarter tout à fait. N'est-il pas honteux qu'un architecte, un chirurgien fassent plus de cas de leurs règles que l'homme n'en fait de cet art qui lui est spécialement propre et qu'il exerce en commun avec les dieux?

XXXVI. L'Asie, l'Europe ne sont que de petits coins de l'univers. Toute la mer n'est qu'une goutte d'eau; le mont Athos, un grain de sable; le siècle présent, un point dans l'éternité. Toutes choses sont petites, changeantes, périssables; elles viennent toutes d'en haut; elles viennent de la raison universelle, ou immédiatement, ou par suite d'une première volonté. La gueule même des lions, les poisons, et tout ce qu'il y a de malfaisant, sont, ainsi que les épines et la boue, des suites ou des accompagnements de choses grandes et belles. Ne t'imagine donc pas que rien soit étranger à celui que tu adores. Pense mieux à l'origine de tout.

XXXVII. Celui qui voit maintenant le monde, a tout vu. Il a vu l'éternité passée et à venir. Car tout est et sera de même nature et de même apparence.

XXXVIII. Pense très souvent à la liaison et à l'intime rapport que toutes les choses du monde ont entre elles; car elles sont pour ainsi dire entrelacées, et, par suite, toutes amies les unes des autres; et l'une est à la suite de l'autre par l'effet du mouvement bien ordonné, de l'accord et de l'union de toutes les parties de la matière.

XXXIX. Plie-toi aux événements que l'ordre général t'a destinés; et, quels que soient les hommes avec lesquels le sort te fait vivre, aime-les, mais véritablement.

XL. Toute machine, tout instrument, tout vase qui fait le service pour lequel on l'a construit est bien; cependant l'ouvrier qui l'a fait en est loin. Mais pour les êtres que la nature porte dans son sein, la vertu qui les a formés reste et agit en eux. C'est pourquoi tu dois la révérer davantage, et croire que tu auras ce que tu peux désirer de mieux, si tu agis et te gouvernes selon sa volonté. C'est ainsi que même l'être universel est heureux en faisant les fonctions qui sont propres à sa nature.

XLI. Si tu mets au rang des biens ou des maux ce qui ne dépend pas de ta volonté, il est impossible que, si un prétendu mal t'arrive, ou si un prétendu bien t'échappe, tu n'accuses les dieux et ne haïsses les hommes qui en seront ou que tu soupçonneras en être cause, sans compter les injustices qu'on fait en s'efforçant d'obtenir ou d'éviter ces biens ou ces maux. Mais si nous faisons uniquement consister les biens et les maux dans les choses qui dépendent de nous, il ne nous restera plus aucun motif d'accuser les dieux ou de déclarer la guerre à l'homme.

XLII. Nous travaillons tous à l'accomplissement d'un même ouvrage, quelques-uns avec connaissance et intelligence, les autres sans réflexion; ainsi, ceux même qui dorment, a dit Héraclite, si je ne me trompe, sont des ouvriers qui contribuent en quelque chose à ce qui se fait dans le monde. L'un y contribue d'une façon, l'autre d'une autre; mais celui qui murmure contre les accidents de la vie, qui se roidit contre le cours général des choses pour l'arrêter, s'il était possible, y contribue encore plus, car le monde avait besoin d'un tel ouvrier. Vois donc avec quels ouvriers tu veux te ranger. Quelque parti que tu prennes, celui qui gouverne l'univers saura bien se servir de toi. Il te mettra toujours parmi les coopérateurs et au nombre des êtres qui servent utilement à l'ouvrage. Mais prends bien garde de ne pas tenir parmi ces ouvriers le même rang que tient dans une comédie ce vers plat et ridicule que Chrysippe a cité.

XLIII. Le soleil demande-t-il à faire les fonctions de la pluie, et Esculape celles de la terre? Que diras-tu de chacun des astres? Ils diffèrent les uns des autres, mais leurs fonctions ne se rapportent-elles pas à un but commun?

XLIV. Si les dieux ont délibéré sur moi et sur les choses qui doivent m'arriver, leur délibération ne peut avoir été que bonne, car on ne peut pas imaginer des dieux sans sagesse. Mais quel motif auraient eu les dieux de se porter à me faire du mal, et que leur en reviendrait-il, ou à cet univers dont ils ont tant de soin?

En supposant qu'ils n'ont pas délibéré particulièrement sur moi, ils ont du moins arrêté un plan général; et, puisque les choses qui m'arrivent sont une suite nécessaire de ce plan, je dois les embrasser avec amour.

Si enfin on suppose que les dieux n'ont délibéré ni sur moi ni sur l'univers (ce qu'il serait impie de croire), alors il ne faut plus faire ni sacrifices, ni prières, ni serments, ni rien de tout ce que nous faisons, comme vivant avec des dieux toujours présents. Mais, dans cette supposition que les dieux ne pensent à rien qui puisse nous regarder, il m'est libre de délibérer sur moi, et ma délibération ne peut avoir pour objet que mon intérêt. Or, tout ce qui peut être utile à chaque individu se réduit au bien-être convenable à sa structure propre, à sa nature particulière. Je suis, par ma nature, un être raisonnable et sociable. J'ai un pays et une patrie: comme Antonin, j'ai Rome, et comme homme, j'ai le monde. Ainsi mon bonheur ne peut se trouver que dans ce qui est utile à ces deux cités.

XLV. Tout ce qui arrive à chacun est utile à l'univers. C'est en dire assez. On peut cependant ajouter, et l'expérience le confirme, que tout ce qui arrive à chaque homme est encore utile à la société humaine, en prenant ici le mot *utile* dans le sens que lui donne le vulgaire, qui appelle *biens* ce qui, dans le vrai, tient simplement un milieu entre les vrais biens et les vrais maux.

XLVI. Lorsqu'au théâtre et en d'autres lieux on ne te fait voir qu'une répétition uniforme des mêmes choses, tu t'ennuies. Il devrait t'en arriver autant toute la vie; car, dans ce monde, tu ne vois en haut, en bas, que les mêmes effets, un jeu égal de causes toujours les mêmes. Ah! jusques à quand donc les mêmes choses?

XLVII. Pense très souvent combien il est mort d'hommes de toutes sortes, de toutes professions, de tous pays, de toutes nations. Parcours les premiers temps jusqu'à ceux de Philistion, de Phœbus, d'Origanion. Considère ensuite les autres classes d'hommes.

C'est donc là qu'il faut nous rendre tous, où se sont déjà rendus tant de grands orateurs, tant de graves philosophes, Héraclite, Pythagore, Socrate; tant de héros de l'antiquité; après eux, tant de capitaines et de rois, et avec ceux-ci Eudoxe, Hipparque, Archimède, et tant d'autres génies célèbres par leur pénétration, leurs grandes pensées, leur amour pour le travail, ou bien par leurs ruses et leur orgueil; où sont encore ceux qui ont parlé avec dédain de cette vie mortelle et de si courte durée, tels que Ménippe et bien d'autres.

Songe que tous ces gens-là sont morts depuis longtemps. Qu'y a-t-il de fâcheux pour eux et pour tant d'autres dont les noms sont oubliés? Il n'y a donc ici-bas qu'une seule chose qui mérite d'occuper nos pensées: c'est de vivre avec douceur parmi des hommes menteurs et injustes, sans jamais nous écarter nous-mêmes de la vérité et de la justice.

XLVIII. Quand tu voudras te donner du plaisir, songe aux excellentes qualités de tes contemporains, par exemple, à l'activité de celui-ci, à la modestie de celui-là, à la libéralité d'un autre, et ainsi du reste; car il n'y a rien de si agréable que l'image des vertus qui éclatent dans les mœurs de ceux qui vivent avec nous, lorsqu'on les rassemble comme sous un même point de vue. Aie donc toujours ce tableau sous les yeux.

XLIX. Te chagrines-tu de peser tant de livres et de n'en pas peser trois cents? Il en doit être de même de ce que tu as à vivre tant d'années et pas davantage.

Car comme tu es content de la quantité de matière qui t'a été assignée, tu dois l'être aussi du temps qui t'est fixé.

L. Essayons de les gagner par la persuasion. Mais continue de faire, malgré eux, des actions justes, toutes les fois que la raison de justice l'exigera. Si quelqu'un emploie la violence pour t'arrêter, tourne ton âme à la résignation et au calme. Sers-toi de l'obstacle pour exercer une autre vertu. Souviens-toi que ton désir n'était que conditionnel, et que tu ne voulais pas l'impossible. Que voulais-tu? Un certain effet de ton désir. Or, tu as atteint ce but, et ainsi le résultat que tu poursuivais est obtenu.

LI. L'homme vain fait dépendre son bonheur de l'action d'un autre; le voluptueux, de ses sensations; le sage, des actions qui lui sont propres.

LII. Je peux du moins m'empêcher de juger, et par conséquent d'être troublé; car les objets extérieurs n'ont pas la vertu de produire en nous des jugements.

LIII. Prends aussi l'habitude d'écouter sans distraction ce qu'on dit; et entre, autant qu'il se pourra, dans l'esprit de celui qui parle.

LIV. Ce qui n'est point utile à la ruche n'est pas non plus utile à l'abeille.

LV. Si les matelots refusaient d'obéir au pilote, ou les malades au médecin, à quels autres s'adresseraient-ils? Ou comment celui-là pourrait-il sauver les passagers, et celui-ci les malades?

LVI. Combien de ceux qui étaient entrés avec moi dans le monde en sont déjà sortis!

LVII. Le miel paraît amer à ceux qui ont la jaunisse. Ceux qui ont la rage craignent l'eau. Une petite balle est aux yeux des enfants un bijou. Pourquoi donc me fâcher contre des hommes pleins de préjugés? Crois-tu que leur imagination séduite ait moins de force sur eux, que la bile sur celui qui a la jaunisse, et le venin sur celui qui a la rage?

LVIII. Personne ne t'empêchera de vivre selon ta nature; il ne t'arrivera rien qui ne soit dans l'ordre de la commune nature.

LIX. A quelle sorte de gens veulent-ils plaire? Pour quels résultats? Et par quels moyens? Le temps les engloutira bientôt les uns et les autres. Combien en a-t-il englouti déjà!

LIVRE SEPTIÈME

Qu'est-ce que la méchanceté? — C'est ce que tu as vu souvent. Ainsi, à tout ce qui arrive, dis-toi aussitôt: «C'est ce que j'ai déjà vu plusieurs fois.» Partout, en haut et en bas, tu trouveras les mêmes choses qui remplissent les histoires anciennes, intermédiaires, contemporaines; les mêmes choses dont sont pleines maintenant toutes nos cités et nos familles. Rien de nouveau; tout est ordinaire et de bien courte durée.

II. Comment oublierais-tu tes principes, si les pensées qui les appuient ne s'éteignent pas? Qu'il est aisé de les faire revivre! Je suis maître de penser ce qu'il convient sur tel objet; pourquoi me troubler? Tout ce qui est en dehors de mon intelligence ne peut rien du tout sur elle. Pense ainsi et te voilà droit.

Il ne tient qu'à toi de recommencer ta vie. Revois toutes les choses que tu as vues. C'est revivre.

III. Le goût des spectacles magnifiques est un goût frivole. Ces grandes représentations, où l'on fait voir des troupes de petits et de gros animaux, et des combats de gladiateurs, valent-elles mieux que la vue d'un os qu'on jette aux chiens, que celle d'un morceau de pain qu'on laisse tomber dans un vivier, de fourmis qui travaillent à charrier de petits fardeaux, de souris épouvantées qui courent çà et là, ou de marionnettes? Lorsque tu ne pourras pas éviter d'assister à ces grands spectacles, portes-y un sentiment de bonté. Point d'orgueil insolent, mais songe qu'un homme n'est vraiment estimable qu'autant qu'il s'attache à des objets qui méritent d'être estimés.

IV. Dans ce qu'on dit, sois attentif aux expressions; et, dans ce qu'on fait, à tous les mouvements. Dans ceux-ci, vois promptement à quel but on vise, et, dans le reste, prends garde au vrai sens.

V. Ai-je ou non assez de capacité pour cela? Si j'en ai assez, je m'en sers comme d'un outil que la nature universelle m'a donné. Si je ne m'en trouve pas suffisamment, ou je laisse l'ouvrage à celui qui peut le faire mieux que moi (à moins que ce ne soit mon devoir de le faire), ou bien je travaille suivant mes forces, en prenant un aide qui puisse, sous ma direction, faire ce qui est maintenant opportun et utile à la société; car tout ce que je fais par moi-même, ou avec l'aide d'autrui, doit tendre uniquement au bien et à l'harmonie communes.

VI. Combien de personnages autrefois célèbres sont maintenant dans l'oubli! et qu'il y a même de temps que tous ceux qui les ont loués ne sont plus!

VII. Ne rougis point de te faire aider. Tu as ton devoir à faire comme un soldat commandé pour l'attaque d'une brèche. Que ferais-tu donc, si, étant blessé à la jambe, tu ne pouvais y monter seul, et que tu le pusses aidé d'un autre?

VIII. Ne t'inquiète pas sur l'avenir. Tu t'en tireras, s'il le faut, avec le secours de la même raison qui t'éclaire sur le présent.

IX. Toutes choses sont liées entre elles par un enchaînement sacré, et il n'y en a peut-être aucune qui soit étrangère à l'autre: car tous les êtres ont été combinés pour former un ensemble d'où dépend la beauté de l'univers Il n'y a qu'un seul monde, qui comprend tout; un seul Dieu, qui est partout; une seule matière élémentaire, une seule loi qui est la raison commune à tous les êtres intelligents, et une seule vérité, comme aussi un seul état de perfection pour les choses du même genre et pour les êtres qui participent à la même raison.

X. Tout ce qui est corporel va très vite se perdre dans la masse totale de la matière. Tout ce qui agit comme cause particulière est repris très vite par le principe de toute activité dans l'univers; et la mémoire de tout est engloutie très vite dans l'abîme du temps.

XI. Dans un être raisonnable, la même action qui est conforme à sa nature, l'est aussi à sa raison.

XII. Sois droit ou redressé.

XIII. Quoique les êtres raisonnables forment chacun un tout à part, cependant, étant faits pour coopérer ensemble à une même œuvre, ils ont par cette raison entre eux le même rapport d'union qui se trouve entre les membres d'un seul et même corps. Pour te rendre cette pensée plus sensible, il faut te dire souvent à toi-même: «Je suis un membre du corps de la société humaine.» Mais si tu te dis simplement: «Je fais partie de la société humaine», c'est que tu n'aimes pas encore du fond du cœur les autres hommes; c'est que tu n'aimes pas à leur faire du bien, comme étant de leur espèce; et, si tu leur en fais par pure bienséance, c'est que tu ne t'y portes pas encore comme à ton bien propre.

XIV. Arrive tout ce qui voudra du dehors à ces membres qui peuvent être affectés par un accident. Que ce qui souffre se plaigne, s'il veut. Pour moi, si je ne pense pas que cet accident est un vrai mal je ne suis pas encore blessé. Or, je suis le maître de ne pas le penser.

XV. Quoi qu'on fasse et qu'on dise, il faut absolument que je sois homme de bien; il en doit être de moi comme de l'or, de l'émeraude, de la pourpre, qui diraient sans cesse: «Quoi qu'on fasse et quoi qu'on dise, il faut absolument que je sois une émeraude, il faut que j'aie ma couleur.»

XVI. L'esprit qui nous sert de guide n'éprouve jamais de trouble par son propre fond. — Comment cela? — Il n'a point de passions; donc il ne peut être agité. Il défie tout agent étranger de lui donner de la crainte ou de la douleur. Il ne s'affectera jamais ainsi par ses propres opinions. Que le corps se garantisse de la douleur, s'il le peut, ou, s'il souffre, qu'il se plaigne. L'âme ne souffrira pas, si elle juge bien du siège de la crainte et de la douleur. Rien ne la porte à juger qu'il y ait là du mal pour elle. Tant qu'elle se possède et qu'elle ne se rend pas elle-même misérable, elle se suffit. Elle n'éprouvera jamais de trouble ni d'obstacle, si elle ne s'en procure.

XVII. La félicité, ou le bien absolu, c'est de posséder un bon et droit génie. Que fais-tu donc ici, mon imagination? Retire-toi, au nom des dieux, comme tu es venue; car je n'ai point besoin de toi.

Tu es venue selon ta vieille coutume. Je ne m'en fâche point. Mais, en un mot, va-t'en.

XVIII. On redoute le changement? Mais, sans le changement, qu'est-ce qui se ferait dans le monde? Y a-t-il rien de plus familier, de plus ordinaire à la nature de l'univers? Toi-même, pourrais-tu prendre le bain, si le bois ne changeait? Pourrais-tu te nourrir, si les aliments ne changeaient? Pourrait-il en général se rien faire d'utile sans le changement? Ne vois-tu pas que le changement qui t'attend sera de même nature que tous les autres dont la nature de l'univers ne peut se passer?

XIX. Tous les corps passent comme un torrent à travers la substance de l'univers. Ils sont nés avec lui, et lui servent, comme nos membres se servent réciproquement.

Que de Chrysippes, que de Socrates, que d'Epictètes le temps a déjà engloutis! Applique cette réflexion à chaque homme, à chaque objet.

XX. Une seule chose m'inquiète, c'est la crainte de faire ce que la nature de l'homme ne veut pas, ou autrement qu'elle ne le veut, ou ce qu'elle ne veut pas pour le moment.

XXI. Dans peu tu oublieras tout, et tous t'oublieront.

XXII. C'est le propre d'un homme d'aimer ceux mêmes qui l'offensent.

Tu les aimeras, si tu viens à penser que tu es leur parent, que c'est par ignorance et malgré eux qu'ils font des fautes, que dans peu vous mourrez tous, et surtout qu'on ne t'a point fait de mal, puisqu'on n'a pas rendu ton âme pire qu'elle n'était auparavant.

XXIII. La nature de l'univers se sert de toute la matière comme d'une cire molle. Elle en fait maintenant le corps d'un cheval; puis, mêlant avec le reste la matière du cheval, elle en a fait un arbre, puis le corps d'un homme, puis autre chose; et chacun de ces êtres subsiste peu. Mais il n'y a pas plus de mal pour un coffre à être défait qu'à être monté.

XXIV. L'altération des traits causée par la colère est un accident fort contraire à la nature, puisque souvent la beauté du visage se meurt et finit par s'éteindre, sans que rien puisse jamais la ranimer. N'est-ce point une preuve que la colère est aussi contre la raison?

Qu'ai-je affaire de vivre plus longtemps, si je perds le sentiment de mes fautes?

XXV. Tout ce que tu vois, la nature qui gouverne l'univers le changera, et, de cette substance, elle fera d'autres choses, puis d'autres, afin que le monde soit toujours jeune.

XXVI. S'il arrive à quelqu'un de pécher contre toi, pense aussitôt à l'opinion qu'il a dû se faire de ce qui est bien et de ce qui est mal pour s'être porté à cette faute. Après cette réflexion, tu auras compassion de lui, au lieu d'être étonné ou fâché. Car si tu as la même opinion que lui sur ce qui est bien, ou une autre opinion qui ressemble à la sienne, tu dois lui pardonner; et si tu ne mets pas sa faute au rang des biens ou des maux, alors il te sera encore plus facile d'être indulgent pour un homme qui a mauvaise vue.

XXVII. Il faut moins t'occuper l'esprit des choses qui te manquent que de celles que tu as actuellement; choisis même, parmi les choses que tu as, celles qui sont les plus propres à te rendre heureux, représente-toi leur beauté et dis-toi combien tu aurais lieu de les rechercher si tu ne les avais pas. Mais prends garde en même temps de faire un trop bon accueil à ces idées, de crainte que tu ne viennes à estimer ces choses au point d'être troublé si tu cessais de les avoir.

XXVIII. Renferme-toi en toi-même. Telle est la nature de la raison qui te sert de guide, qu'elle se suffit à elle-même, pourvu qu'elle pratique la justice. Alors elle jouit d'une parfaite sérénité.

XXIX. Purifie ton imagination.

Arrête le progrès de ces indignes émotions.

Renferme le présent dans ses bornes.

Comprends ce qui t'arrive à toi ou à un autre.

Distingue et sépare, dans l'objet qui te préoccupe, le principe de son activité d'avec sa matière.

Pense à ta dernière heure.

A-t-on fait une faute? Laisse-la où elle est.

XXX. L'esprit doit être attentif à ce qui se dit, et l'intelligence pénétrer dans ce qui se fait, et par qui.

XXXI. Embellis ton âme de simplicité, de pudeur, et d'indifférence pour tout ce qui est entre la vertu et le vice. Aime tous les hommes. Marche à la suite de Dieu; car, comme dit un poète, *ses lois gouvernent tout.*

— Mais s'il n'y a que des atomes élémentaires?

— En ce cas, il suffit de te rappeler que toutes ces choses sont soumises aussi à des lois constantes, du moins à peu d'exceptions près.

XXXII. Sur la mort. Est-ce dispersion? résolution en atomes? anéantissement? extinction? simple déplacement?

XXXIII. Sur la douleur. Ce qui est insupportable tue. Ce qui dure est supportable. Cependant mon esprit, se renfermant en lui-même, conserve la tranquillité qui lui est propre. En effet, mon guide n'en est pas altéré. Quant aux organes affectés par la douleur, qu'ils s'en plaignent, s'ils le peuvent.

XXXIV. Sur la gloire. Vois quelles sont les pensées de ces gens-là; vois ce qu'ils craignent, ce qu'ils désirent.

Comme le sable du bord de la mer est caché par le nouveau sable que les flots apportent, et celui-ci par d'autre, de même, en ce monde, ce qui survient efface bientôt la trace de tout ce qui a précédé.

XXXV. «Pensez-vous, disait Platon, qu'un homme né avec un esprit mâle et assez fort pour contempler à la fois l'immensité des temps et l'ensemble des êtres, regarde la vie humaine comme un bien considérable? Cela ne se peut.

— Ainsi un tel homme ne pensera pas que la mort soit un mal?

— Non, sans doute.»

XXXVI. Antisthène disait à Cyrus:

«C'est chose royale de faire le bien, et d'entendre dire du mal de soi.»

XXXVII. C'est une honte que le visage obéisse, qu'il s'arrange et se compose comme il plaît à l'âme, et que celle-ci ne s'arrange pas, ne se compose pas elle-même.

XXXVIII. Inutile de se fâcher contre les choses; elles n'en ont cure.

XXXIX. Aux dieux, et à nous, ô mon fils, donne-nous de la joie.

XL. La vie est moissonnée comme des épis, dont les uns sont mûrs et les autres verts.

XLI. Les dieux me négligent-ils, moi et mes enfants? Cela même doit avoir sa raison.

XLII. Je suis assez fort, si l'honnêteté et la justice sont avec moi.

XLIII. Ne te lamente avec personne. Point de mouvements violents.

XLIV. De Platon:

«J'aurais raison de répondre ainsi à cet homme: O mon ami, tu ne parles pas comme il faut, si ton avis est qu'un homme qui vaut quelque chose doive peser les hasards de la vie ou de la mort, et qu'il ne doive pas se borner à voir dans ce qu'il fait si l'action est juste ou injuste, si elle est d'un homme de bien ou d'un méchant.»

XLV. «C'est une vérité constante, ô Athéniens: si quelqu'un a pris de lui-même un poste qu'il a jugé très bon, ou si l'Archonte le lui a confié, il faut, selon moi, qu'il s'y tienne et qu'il s'y défende, sans tenir compte ni de la mort ni d'autre chose plus que de l'honneur.»

XLVI. «Au reste, mon ami, vois toi-même: y a-t-il rien de plus noble et de meilleur que de défendre les autres et d'en être défendu? Un homme vraiment homme n'aspire point à vivre tant d'années; il n'aime pas la vie; il s'en remet à Dieu; il dit, comme les bonnes femmes: *On ne peut fuir sa destinée.* Il examine simplement quel est le meilleur emploi à faire du temps qu'il doit vivre.»

XLVII. En regardant autour de toi le cours des astres, songe qu'un même mouvement t'emporte avec eux, et pense souvent au changement des éléments les uns dans les autres. Ces sortes de pensées purifient l'âme des souillures de sa vie terrestre.

XLVIII. Voici une belle pensée de Pythagore:

«Celui qui veut faire un discours sur les hommes doit considérer, dit-il, comme d'un lieu élevé, tout ce qui se passe sur la terre: ce grand nombre de peuples, d'armées, de labours, de mariages, de divorces, de naissances, de morts; le tumulte des tribunaux, les pays inhabités, les barbares de toutes couleurs, les réjouissances, les deuils, les foires, les marchés, la confusion de tout cela, et ce mélange de choses contraires dont le monde est composé.»

XLIX. Revois le passé. Que de révolutions d'empires! Tu peux aussi voir l'avenir: le spectacle sera le même; tout ira du même pas et sur le même ton que ce qui se passe aujourd'hui. Il est donc égal d'être spectateur de la vie humaine pendant quarante ans ou pendant dix mille. Que verrais-tu de plus?

L. *Ce qui est venu de la terre retourne à la terre,* dit un poète; *mais ce qui avait une céleste origine retourne dans les cieux.*

Ce premier changement est, ou une séparation d'atomes qui étaient adhérents, ou, ce qui revient au même, une dispersion d'éléments inanimés.

LI. Ils mangent, ils boivent, ils ont recours à la magie pour détourner le courant qui les mène à la mort. Mais Dieu leur envoie-t-il vent arrière? il faut céder. Leur peine ne mérite pas nos larmes.

LII. Qu'un autre soit plus habile que toi à la lutte; mais qu'il ne soit pas plus sociable, plus modeste, mieux préparé aux accidents de la vie, plus indulgent aux fautes du prochain.

LIII. Dès qu'on peut faire une chose sans s'écarter de la raison, flambeau commun aux dieux et aux hommes, il n'en peut résulter aucun mal; car, comme une action bien conduite et dirigée suivant la constitution de l'homme ne peut être sans quelque utilité, il est hors de doute que rien ne peut en être blessé.

LIV. Dans quelque situation que tu te trouves, il dépendra toujours de toi d'accepter avec une pieuse résignation tout ce qui t'arrivera, de te conduire selon la justice envers tes contemporains, et d'analyser, suivant les règles de ton art, les pensées qui te viendront, de peur que quelque sentiment dont la nature ne te serait pas bien connue ne se coule dans ton cœur.

LV. Ne regarde point autour de toi ce que pensent les autres. Regarde droit devant toi. A quoi la nature te conduit-elle? la nature universelle, par tout ce qui t'arrive de sa part; ta nature propre, par les obligations qu'elle t'impose.

Tout être doit agir suivant sa condition. Les êtres qui ne sont pas raisonnables ont été faits pour ceux qui le sont, par la raison que le bas est fait pour le haut. Les êtres raisonnables n'ont pu être faits que les uns pour les autres.

Ainsi le premier attribut de la condition humaine est la sociabilité.

Le second est de résister aux passions dont la source est dans le corps; car c'est le propre d'une substance spirituelle et raisonnable de pouvoir se renfermer en elle-même, et dominer sur les sens, sur les appétits, mouvements purement animaux. La raison demande à les dominer sans jamais s'en laisser vaincre; et cela est juste, puisqu'ils n'ont été faits que pour la servir.

Enfin la raison est faite pour se garantir de toute faute et de toute erreur.

Un esprit ainsi disposé marche toujours droit. Il a tout ce qui appartient à sa nature.

LVI. Comme si tu avais déjà rempli le nombre de tes jours et que par grâce ta vie eût été prolongée, passe du moins ce reste conformément à ta nature.

LVII. Aime uniquement ce qui t'arrive et qui a été lié à ta destinée. Y a-t-il rien de plus convenable?

LVIII. Dans chaque accident de la vie, remets-toi devant les yeux tous ceux qui avant toi ont éprouvé la même fortune, et qui l'ont supportée avec peine, qui ont trouvé ces événements étranges et en ont murmuré. Où sont-ils maintenant? Ils ne sont plus. Pourquoi voudrais-tu leur ressembler? Ne vaut-il pas mieux laisser ces agitations contre nature à ceux qui ont roulé ou qui roulent ensemble dans un même tourbillon, et à ton égard ne songer qu'à faire un bon usage dc pareils accidents? car tu t'en serviras bien, et ce sera matière à t'exercer. Aie seulement pour objet et prends la résolution d'être honnête à tes propres yeux dans tout ce que tu fais. Souviens-toi de ces deux choses, et ta conduite en ces occasions deviendra différente de celle des autres.

LIX. Regarde au-dedans de toi. Là tu trouveras la source du vrai bonheur, source intarissable, si tu la creuses toujours.

LX. Il faut tenir son corps dans une attitude ferme; rien de déréglé dans les mouvements ni dans la contenance. Car ce qu'une âme sage et honnête fait voir sur le visage, doit se répéter dans tout le corps; mais que ce soit sans affectation.

LXI. L'art de vivre a plus de rapport avec les exercices de la lutte qu'avec ceux de la danse, en ce qu'il faut être toujours prêt à soutenir avec fermeté des coups imprévus.

LXII. Considère souvent ce que sont ceux dont tu veux obtenir l'approbation, et quel est l'esprit qui les guide; car, en pénétrant ainsi jusqu'aux sources de leurs opinions et de leurs désirs, tu ne les blâmeras pas des fautes qu'ils font par ignorance, et tu te passeras de leur approbation.

LXIII. «Il n'y a point d'âme, dit Platon, qui ne soit privée, malgré elle, de la connaissance de la vérité.» Il n'y a, par conséquent, point d'âme qui ne soit privée aussi malgré elle des vertus de justice, de tempérance, d'égalité d'âme, et autres qui ont un principe commun. C'est ce qu'il est essentiel de ne jamais oublier; tu en seras plus indulgent envers l'espèce humaine.

LXIV. Dans toutes les douleurs, tiens prête cette réflexion, que la douleur n'est rien qui puisse te faire rougir, qu'elle ne dégrade pas l'intelligence qui te gouverne, et qu'elle ne l'altère ni dans sa substance ni dans ses qualités sociales.

Appelle aussi à ton secours, dans la plupart de tes douleurs, ce mot d'Epicure, qu'il n'y a rien là d'impossible à supporter ni que tu puisses regarder comme éternel, si tu te souviens que tout a des bornes et si tu n'y ajoutes pas tes imaginations.

Souviens-toi encore de ceci: qu'il y a plusieurs choses approchantes de la douleur, qui te fâchent intérieurement, comme l'envie de dormir, le grand chaud, les nausées. Lorsque ces malaises t'ennuient, dis-toi à toi-même que tu succombes à la douleur.

LXV. Garde-toi d'avoir pour ceux même qui sont inhumains autant d'indifférence que les hommes ordinaires en ont pour d'autres hommes.

LXVI. D'où savons-nous si Telaugès n'était pas supérieur à Socrate par les qualités de l'âme? Car ce n'est pas assez que Socrate soit mort avec plus de gloire, ni qu'il ait fait voir plus de finesse d'esprit dans ses disputes avec les sophistes, ou plus de fermeté en passant des nuits très froides au bivouac, ou plus de grandeur d'âme en refusant d'obéir aux trente tyrans qui lui avaient commandé d'aller enlever un riche habitant de Salamine, ni qu'ensuite il se soit promené fièrement dans les rues (de quoi cependant on peut fort douter); mais il faut analyser le fond de l'âme de Socrate; savoir s'il était assez fort pour faire consister son bonheur à être juste envers les hommes et religieux envers les dieux, sans s'indigner inutilement contre les méchants ni flatter bassement l'ignorance, sans regarder comme choses étranges ou impossibles à supporter les accidents que l'ordre général du monde amène, et sans livrer son âme aux sensations qu'une vile chair éprouve.

LXVII. La nature n'a pas si intimement uni l'esprit de l'homme à une masse de chair qu'il ne puisse toujours se renfermer en lui-même et s'occuper des fonctions qui lui sont propres.

Il est très possible d'être en même temps un homme divin et un homme inconnu à tout le monde. N'oublie jamais cette vérité, et souviens-toi encore qu'il faut bien peu de connaissances pour vivre heureux. Car enfin, parce que tu ne peux plus espérer de devenir un grand dialecticien, un grand physicien, renonceras-tu à être libre, modeste, sociable, résigné aux volontés de Dieu?

LXVIII. Je peux affranchir ma vie de toute souffrance, et la passer dans la plus profonde paix du cœur, quand même les hommes viendraient, à grands cris, me charger de tous les outrages imaginables, quand même les bêtes féroces viendraient mettre en pièces les membres de cette masse de boue qui m'enveloppe. Car, dans tous les cas, qu'est-ce qui empêche mon entendement de se maintenir dans un état paisible, de juger au vrai de ce qui se passe autour de lui, et de tourner promptement à son usage ce qui se présente? Mon jugement ne peut-il pas dire à l'accident: *Tu n'es au fond que cela, quoique l'opinion te fasse paraître autre chose*? Mon âme exercée ne peut-elle pas dire à l'épreuve: *Je te cherchais*? Car ce qui se passe est toujours pour moi matière à vertu, en qualité d'être raisonnable et sociable, et, en général, matière à pratiquer cet art qui est fait pour l'homme ou pour Dieu. En effet, tout ce qui arrive est propre à me rapprocher ou de Dieu ou de l'homme. Il n'y a rien de nouveau ni de difficile à manier. Au contraire, tout est connu et fait pour la main.

LXIX. La perfection des mœurs consiste à passer chaque jour comme si ce devait être le dernier, sans trouble, sans lâcheté, sans dissimulation.

LXX. Les dieux immortels ne s'irritent point d'avoir à supporter durant leur éternité un si grand nombre d'hommes, et si méchants; ils ont même toutes sortes de soins d'eux. Et toi, qui as si peu de temps à vivre, tu t'en fatigues, et cela, quoique tu sois un de ces méchants!

LXXI. Il est ridicule que tu ne veuilles pas te dérober à tes mauvais penchants, ce qui est très possible, et que tu prétendes échapper à ceux des autres, ce qui ne se peut pas.

LXXII. Ce qu'un être animé qui raisonne et qui est sensible aux devoirs de la société trouve dénué d'intelligence et d'instinct social lui paraît avec raison fort au-dessous de sa dignité propre.

LXXIII. Lorsque tu as voulu faire du bien et que tu y es parvenu, pourquoi, en homme sans jugement, chercher encore autre chose: la réputation d'un homme bienfaisant ou la gratitude?

LXXIV. Personne ne se lasse de recevoir du bien. Or c'est se faire du bien que de faire des actions conformes à la nature. Ne te lasse donc point de faire du bien aux autres, puisque par là tu t'en fais à toi-même.

LXXV. C'est de son propre mouvement que la nature de l'univers s'est portée à faire le monde. Par conséquent, tout ce qui s'y passe maintenant est une suite nécessaire de ses premières volontés; sans quoi, il faudrait dire que l'Etre suprême y aurait mis, sans réflexion et au hasard, les créatures même du premier ordre, quoiqu'il montre pour elles une inclination particulière. Cette pensée te tranquillisera sur bien des choses, si tu te la rappelles.

LIVRE HUITIÈME

Une réflexion qui peut encore te préserver de la vanité:

Il ne dépend plus de toi d'avoir pratiqué dès ta première jeunesse les maximes de la philosophie; car bien d'autres savent, et tu le sais bien toi-même, que tu en as été fort éloigné. Ainsi te voilà confondu, et il ne t'es pas aisé d'acquérir le titre honorable de philosophe, parce que ta position s'y oppose. Si donc tu juges bien de l'état des choses, ne t'embarrasse plus de la réputation que tu pourras laisser. Contente-toi de passer du moins le reste de tes jours d'une manière conforme à ta nature. Applique-toi à connaître les devoirs qu'elle t'impose, et que rien de ce qui t'environne ne te détourne de cette étude.

L'expérience t'apprend qu'après avoir parcouru tant d'objets divers, tu n'as rencontré nulle part le vrai contentement du cœur. Tu ne l'as trouvé ni dans l'étude de l'art de raisonner, ni dans les richesses, ni dans la gloire, ni dans les plaisirs, enfin nulle part. — Où est-il donc? — Dans la pratique des actions que la nature de l'homme demande. — Mais comment peut-on se mettre en état de ne faire que de ces actions? — En se formant des maximes et des opinions propres à n'inspirer que des désirs et des actions convenables. — Mais encore, quelles sont ces maximes et ces opinions? — Celles qu'on doit se faire sur le bien et sur le mal, en reconnaissant qu'en effet il n'y a rien de bon que ce qui rend l'homme juste, tempérant, courageux, libre; et rien de mauvais que ce qui produit des effets contraires.

II. A chaque action que tu fais, demande-toi: «Me convient-elle? Ne m'en repentirai-je pas? Bientôt je ne serai plus. Tout aura disparu pour moi. Que me reste-t-il à désirer que de faire présentement une action qui soit digne d'un être intelligent, uni à tous les autres et soumis à la même loi que Dieu?»

III. Qu'est-ce qu'Alexandre, César, Pompée, en comparaison de Diogène, d'Héraclite, de Socrate? Ceux-ci connaissaient la nature de toutes choses, et leurs principes actifs, et leurs matières, leur âme était toujours dans le même calme.

Que de projets divers! combien de sortes d'esclavage dans l'âme des autres!

IV. Non, ils n'en feront pas moins les mêmes choses, quand tu en crèverais!

V. D'abord il ne faut te troubler de rien, car tout arrive suivant les lois générales de ce monde, et, dans peu de temps, tout ce qui vit disparaîtra de dessus la terre, ainsi qu'en ont disparu Adrien et Auguste.

Fixe ensuite tes regards sur l'objet de ton trouble, considère-le, et souviens-toi qu'il faut absolument que tu sois homme de bien. Rappelle-toi ce que la nature exige d'un être raisonnable; fais-le constamment, et ne dis que ce qui te paraîtra le plus conforme à la justice, mais toujours avec douceur, modestie et sans dissimulation.

VI. La nature de l'univers a reçu pour sa tâche de transporter là ce qui est ici, de le changer de forme, de l'ôter encore de sa place pour le mettre en une autre. Tout est révolutions. Ne crains donc rien. Il n'y a rien de nouveau, rien qui ne soit ordinaire; mais tout est dispensé dans une égale proportion.

VII. Tout être créé a ce qu'il lui faut pour être content lorsqu'il fait bien ses fonctions. Quant à l'être raisonnable, bien faire sa fonction de penser, c'est de n'admettre pour vrai ni ce qui est faux, ni ce qui n'est pas évident; c'est de diriger tous les mouvements du cœur vers le bien de la société; c'est de ne rechercher, de ne fuir que ce qu'il dépend de lui d'avoir ou d'éviter; c'est d'accepter avec résignation tout ce qui lui est distribué par la commune nature. Car il fait partie de la commune nature, comme une feuille fait partie d'une plante, avec cette différence, pourtant, qu'une feuille fait partie d'un être dénué de sentiment, dénué de raison, capable d'éprouver des empêchements, au lieu que ce qui constitue l'homme fait partie d'une nature indépendante, libre, intelligente, juste, et qui a distribué à chaque être, suivant sa place dans le monde, une certaine durée, une portion de matière, un ressort d'activité et d'efficace, une correspondance et une liaison avec tout le reste. Mais remarque bien que tu ne trouveras pas cette égalité de proportions en comparant un seul individu avec un autre en particulier, mais en comparant le tout d'une espèce avec le tout d'une autre.

VIII. Tu n'as plus le temps de lire. Mais tu peux repousser loin de toi ce qui te couvrirait de honte; mais tu peux vaincre la volupté et la douleur; mais tu peux te mettre au-dessus de la vanité; mais tu peux supporter, sans te fâcher, les sots et les ingrats; tu peux même leur faire du bien.

IX. Qu'il ne t'arrive plus de te plaindre devant personne ni de la vie de la cour ni de la tienne.

X. Le reproche qu'on se fait à soi-même d'avoir négligé un objet utile est une sorte de repentir. Le vrai bien doit être utile et mériter les soins d'un homme vertueux et honnête. Mais un homme vertueux et honnête ne s'est jamais repenti d'avoir négligé la volupté. Donc la volupté n'est ni bonne ni utile.

XI. Qu'est-ce qu'une telle chose en elle-même, par sa constitution propre? Quelle est sa substance et sa matière? Quel est le principe de son action? Que fait-elle dans l'univers? Combien de temps durera-t-elle?

XII. Quand tu as de la peine à t'arracher au sommeil, rappelle-toi qu'il est conforme à la structure de ton être et à ta condition d'aller t'acquitter de quelque devoir social, au lieu que le sommeil t'est commun avec les bêtes. Tout ce qui convient à la nature de chaque être lui est propre, est plus fait pour lui, et même plus agréable.

XIII. Accoutume-toi, autant que tu le pourras, à analyser tout ce qui frappe ton imagination, selon les règles de la nature, de la morale, et d'un juste raisonnement.

XIV. Rencontres-tu quelqu'un, commence par te dire à toi-même: «Quels sont les principes de cet homme sur les biens et les maux?» Car, s'il a de certaines opinions sur le plaisir et la douleur, et sur ce qui les cause l'un et l'autre, sur la gloire, l'ignominie, la mort et la vie, je ne dois pas trouver surprenant ni étrange qu'il fasse de certaines choses. Je me souviendrai même qu'il ne peut manquer d'agir comme il le fait.

XV. Songe que, s'il est ridicule de trouver étrange qu'un figuier porte des figues, il ne l'est pas moins de trouver étranges les événements que le monde porte en abondance. C'est comme si un médecin et un pilote trouvaient étranges les accidents de la fièvre et des vents contraires.

XVI. Souviens-toi que, même en changeant d'avis et te soumettant à celui qui te corrige, tu restes également libre; car ta nouvelle action est toujours un effet de ta volonté et de ton discernement; c'est par conséquent une action propre de ton âme.

XVII. Si la chose dépend de toi, pourquoi la fais-tu? Si elle dépend d'autrui, à qui t'en prends-tu? Est-ce aux atomes ou aux dieux? Dans les deux cas, ce serait folie. Ne te plains jamais d'un autre homme; car, ou il faut le corriger, si tu le peux; ou, si tu ne le peux pas, il faut redresser la chose; et si cela même passe ton pouvoir, pourquoi encore se plaindre? Il ne faut rien faire en vain.

XVIII. Ce qui meurt ne va pas tomber hors du monde; mais il y reste pour y changer, et par conséquent se résoudre en ses éléments, qui sont ceux du monde et les tiens propres Or tous ces éléments se changent, et ils n'en murmurent pas.

XIX. Il n'y a rien qui n'ait été fait en vue d'un certain résultat; par exemple le cheval, la vigne. Qu'y a-t-il là de surprenant? Le soleil lui-même te dira: «J'ai été créé pour faire un tel ouvrage.» Et tous les autres dieux t'en diront autant. Mais toi, pourquoi as-tu été fait? Est-ce pour te divertir? Vois toi-même s'il y a du bon sens à le dire.

XX. La nature n'a pas moins dirigé la fin que le commencement et la route de chacun de nous. Celui qui joue à la paume fait de même en la poussant. Mais est-ce un bien pour la balle d'être poussée en haut? Est-ce un mal de descendre ou de tomber? Est-ce un bien pour ces bulles d'air qui se forment sur l'eau de se soutenir, ou un mal de crever? Dis-en autant d'une lampe.

XXI. Retourne les objets. Considère bien ce que c'est. Que devient-on par la vieillesse, par la maladie, par la débauche?

Celui qui loue un autre et celui qui est loué, ceux dont la mémoire subsiste et ceux qui la rappellent n'ont tous qu'une courte vie. Tout cela se passe dans un coin de la terre; et même là, les hommes ne sont d'accord ni entre eux, ni avec eux-mêmes. Et la terre elle-même n'est qu'un point dans l'univers.

XXII. Applique bien ton attention à l'objet qui t'occupe. Vois quels principes tu as, quelles actions tu fais, et ce que tu veux faire entendre.

C'est avec justice que tu éprouves ce tourment, puisque tu aimes mieux devenir homme de bien demain que de l'être aujourd'hui.

XXIII. Ai-je quelque fonction à remplir? Je m'en acquitte en la rapportant au bien de l'humanité. M'arrive-t-il quelque accident? Je le reçois en le rapportant aux dieux et à cette source commune de toutes choses d'où procède tout ce qui se fait.

XXIV. Sais-tu en quoi consistent les bains que tu prends? C'est de l'huile, de la sueur, de la crasse, de l'eau, des raclures, toutes choses dégoûtantes. Ce qui fait notre vie et tout ce qui entre dans la composition des êtres en général n'est pas d'une autre nature.

XXV. Verus est mort avant ma fille Lucilla, et puis Lucilla. Maximus avant Secunda, et puis Secunda. Diotime avant Epitynchan, et puis Epitynchan. Faustine avant Antonin, et puis Antonin. Et toujours de même. Adrien avant Céler, et ensuite Céler. Quant à ces hommes d'un esprit si délié, si prévoyant dans l'avenir, ou si fastueux, où sont-ils? par exemple ces génies subtils, Charax, Démétrius le Platonicien, Eudémon, et leurs pareils, s'il y en a eu? Tout cela n'a duré qu'un jour; tout est mort depuis longtemps. Quelques-uns n'ont pas laissé d'eux le moindre souvenir, et la mémoire des autres a dégénéré en fables, ou disparu des fables mêmes. Souviens-toi donc de ceci: il faudra ou que ce petit composé de ton être soit dissipé, ou que le faible principe de ta vie s'éteigne, ou qu'il soit déplacé et employé autre part.

XXVI. La joie de l'homme consiste à faire ce qui est le propre de l'homme. Or, le propre de l'homme est d'aimer son prochain, de mépriser tout ce qui affecte les sens, de distinguer le spécieux du vrai, enfin de contempler la nature universelle et ses œuvres.

XXVII. J'ai trois rapports: l'un, avec la cause environnante; l'autre, avec la cause divine, d'où procède tout ce qui arrive à tous les êtres; et le troisième, avec ceux qui vivent en même temps que moi.

XXVIII. Ou la douleur est un mal pour le corps (qu'il s'en plaigne donc!) ou elle en est un pour l'âme. Mais il ne tient qu'à celle-ci de conserver sa sérénité, la paix qui lui est propre, et de ne pas croire que ce soit un mal pour elle. En effet, ce qui discerne, ce qui désire et ce qui craint réside tout entier au-dedans de nous, et aucun mal ne peut monter jusque-là.

XXIX. Efface toutes ces imaginations, en te disant sans cesse: «Il est aujourd'hui en mon pouvoir de ne laisser dans ce cœur aucune méchanceté, aucune cupidité, en un mot aucune sorte de passion. Mais pourvu que je voie bien la vraie qualité des objets, il m'est permis d'en user suivant le mérite de chacun.»

Souviens-toi de cette faculté conforme à la nature.

XXX. Que tes discours dans le sénat et ailleurs soient agréables, mais sans ornements. Qu'ils partent d'une raison bien saine.

XXXI. La cour d'Auguste, sa femme, sa fille, ses petits-enfants, ses beaux-fils, sa sœur, Agrippa, ses parents, les officiers de sa maison, Areus, Mécène, ses médecins, ses sacrificateurs, tout est mort. Vois encore ailleurs. non la mort d'un seul homme, mais, par exemple, celle de la race entière de Pompée. Aussi trouve-t-on gravé sur des tombeaux: CI GÎT LE DERNIER DE SA RACE. Songe combien les ancêtres de celui-là s'étaient donné de peine pour laisser un héritier de leur nom. Quelqu'un sera nécessairement le dernier; par conséquent la famille entière mourra.

XXXII. Forme le plan de régler ta vie en détail, action par action. Si chaque action a, autant que possible, sa perfection, c'est assez. Or, personne ne peut t'empêcher de la lui donner. — Viendra-t-il quelque empêchement du dehors? — Rien ne peut t'empêcher d'être juste, modéré, prudent. — Mais, peut-être, quelque autre chose m'empêchera d'agir? — En ce cas, si tu ne te fâches point contre cet obstacle, et si tu le reçois avec résignation, il naîtra de là sur-le-champ une autre action qui conviendra également bien au bon règlement dont je parle.

XXXIII. Recevoir sans fierté, rendre sans peine.

XXXIV. Si jamais tu as vu une main, un pied, une tête coupés et entièrement séparés du reste du corps: c'est l'image de celui qui se refuse, autant qu'il est en lui, aux accidents de la vie, qui se détache du grand tout, ou qui fait quelque chose au préjudice de la société. Tu viens de te jeter hors du sein de la nature; car, en venant au monde, tu en as fait partie, et maintenant tu t'en es retranché. Mais tu as la ressource de pouvoir t'y réunir, ce que Dieu n'a point accordé à ces parties qui, après avoir été une fois coupées et séparées, ne peuvent plus se rejoindre au tout. Vois quelle est la bonté suprême d'avoir doué l'homme d'une si excellente prérogative. Elle t'a d'abord accordé le pouvoir de ne te point séparer de la société des êtres, et ensuite le pouvoir de te rejoindre au tronc, d'y repousser et d'y reprendre ton rang de partie.

XXXV. Chaque être raisonnable a reçu de la nature diverses facultés, à peu près autant que sa condition en pouvait admettre, et entre autres celle-ci: que comme la nature plie, tourne et fait rentrer dans l'ordre de son plan tout ce qui lui est contraire et y résiste, de même un être raisonnable a la faculté de convertir tout empêchement en une action qui lui sera propre, et de s'en servir pour le but qu'il se propose.

XXXVI. Ne te trouble point en te faisant un tableau de tout le reste de la vie. Garde-toi de te représenter à la fois le nombre et la grandeur des peines que tu auras probablement à souffrir. Mais, à mesure qu'il t'arrive quelque chose, demande-toi: «Qu'est-ce qu'il y a là d'insupportable, d'insoutenable?» Tu rougiras de t'en faire l'aveu. Ensuite, rappelle-toi cette vérité, que ce n'est ni l'avenir ni le passé qui t'accablent; c'est toujours le présent. Mais le présent n'est presque rien, si tu le renfermes dans ses justes limites, et que tu gourmandes ton âme de ne pouvoir supporter ce mince fardeau.

XXXVII. Panthée ou Pergame sont-ils encore assis près du tombeau de leur maître Vérus? et Chabrias ou Diotime, près de celui d'Adrien? Belle demande! Mais, quand ces affranchis y seraient encore assis, ces morts le sentiraient-ils? Et en supposant qu'ils pussent le sentir, en éprouveraient-ils quelque joie? Et ces affranchis eux-mêmes seraient-ils immortels? Leur destinée ne serait-elle pas aussi de vieillir, puis de mourir? Que deviendraient donc les maîtres après la mort de ces affranchis?

Tout cela n'est que puanteur; il n'y a que pourriture au fond du sac.

XXXVIII. Si tu as la vue fine, dit l'autre, sers-t'en pour juger comme les hommes les plus sages.

XXXIX. Dans la constitution d'un être raisonnable, je ne vois aucune vertu qui puisse être mise en opposition avec la justice; mais j'y vois la continence opposée à la volupté.

XL. Si tu parviens à corriger tes opinions sur tout ce qui semble t'affliger, tu t'établiras sur un terrain ferme. — Qui, *toi*? — Ta raison. — Mais je ne suis pas une pure raison. — Eh bien, que ta raison donc ne te tourmente pas; et si le reste se trouve en mauvais état, qu'il en juge.

XLI. Un empêchement des sens ou des appétits naturels est un mal pour la nature animale. Un obstacle à la végétation est un mal pour les plantes. De même donc ce qui fait obstacle à l'intelligence est un mal pour la nature intelligente.

Applique-toi maintenant à toi-même ces définitions du mal. Ressens-tu quelque atteinte de douleur ou de volupté? c'est l'affaire de l'âme sensitive. Se trouve-t-il un obstacle à l'accomplissement de ton désir? si tu l'as formé sans condition ni exception, alors cette faute est un mal pour ta partie raisonnable. Mais, si tu regardes l'obstacle comme un événement commun et ordinaire, tu n'en es pas blessé, et l'obstacle n'en est pas un pour toi. Il est certain que personne d'autre que toi n'a jamais empêché ton esprit de faire les fonctions qui lui sont propres. En effet, ni le fer, ni le feu, ni un tyran, ni la calomnie, rien en un mot ne peut en approcher. Lorsqu'il s'est ramassé en lui-même comme en forme de sphère, sa rondeur est inaltérable.

XLII. Je n'ai jamais chagriné personne que malgré moi; pourquoi faut-il que je me chagrine moi-même?

XLIII. Les uns prennent du plaisir à une chose, les autres à une autre; le mien, c'est de conserver mon esprit sain, pour ne fuir aucun homme, ni rien de ce qui arrive aux hommes, mais tout voir, tout accueillir d'un œil tranquille, et faire usage de tout ce qui se présentera, sans donner à aucun objet plus de valeur et de mérite qu'il n'en a.

XLIV. Ne songe plus qu'à mettre le présent à profit. Ceux qui songent le plus à se faire un nom dans la postérité ne font pas attention que les hommes qui viendront plus tard ne seront pas différents de ceux qu'ils ont aujourd'hui tant de peine à supporter. Tous ces gens-là mourront. Que t'importent les propos discordants et toutes les opinions de ces mortels?

XLV. Prends-moi, jette-moi où tu voudras. Partout le génie qui réside en moi sera tranquille; je veux dire qu'il sera content, s'il pense et s'il agit comme le demande la condition d'un homme.

C'est bien la peine que pour si peu de chose mon âme devienne misérable, qu'elle se dégrade elle-même, qu'elle soit humiliée, hors d'elle, confondue avec le corps, consternée. Hé! que trouveras-tu qui le mérite?

XLVI. Il ne peut arriver aucun accident à l'homme qui ne soit pour un homme, ni au bœuf qui ne soit pour un bœuf, ni à la vigne qui ne soit pour une vigne, ni à un rocher qui ne soit propre à un rocher. Si donc ce qui arrive à chacun de ces êtres est un événement ordinaire attaché à son existence, pourquoi recevrais-tu avec peine ceux qui te regardent? La commune nature n'a pas fait pour toi seul des choses insupportables.

XLVII. Si quelque objet du dehors te chagrine, ce n'est pas lui qui cause ton chagrin, c'est le jugement que tu en portes; et ce jugement, il ne tient qu'à toi de l'effacer sur-le-champ de ton âme.

Si c'est des dispositions de ton cœur que tu te chagrines, pourquoi ne corriges-tu pas les opinions qui en sont la cause?

De même, si tu te chagrines de ne pas faire quelque chose qui te paraît conforme à la saine raison, que ne la fais-tu plutôt que de te chagriner? — Mais une force supérieure m'en empêche. — Ne te chagrine donc pas, puisqu'il n'y a pas de ta faute. — Mais il est honteux de vivre si je ne fais cette action. — Sors donc de la vie avec autant de tranquillité qu'en a en mourant celui qui la fait; mais pardonne à ceux qui t'auront fait violence

XLVIII. Souviens-toi que l'esprit qui te guide devient invincible lorsque, recueilli au-dedans de soi, il veut se suffire à lui-même et ne faire que sa volonté, sans avoir d'autre raison de sa résistance. Que sera-ce donc lorsque, à l'aide de la raison, il aura jugé de quelque chose après en avoir examiné les circonstances?

C'est ainsi qu'une intelligence libre de passions est une forte citadelle. L'homme ne saurait trouver de plus sûr asile pour n'être jamais asservi. Celui qui ne le connaît pas a été mal instruit, et celui qui, le connaissant, ne s'y retire pas, est un misérable.

XLIX. N'ajoute rien au premier rapport de tes sens. On vient t'annoncer que quelqu'un parle mal de toi. Voilà ce qu'on t'annonce, mais on ne te dit pas que tu en sois blessé. Je vois que mon enfant est malade. Oui; mais je ne vois pas qu'il y ait du danger. Tiens-toi ainsi, sur tous les objets sensibles, à la première image qu'ils te présentent; n'y ajoute rien toi-même intérieurement, et il n'y aura rien de plus.

Fais encore mieux: ajoutes-y tout ce que doit penser de ces objets un homme instruit de ce qui arrive ordinairement dans le monde.

L. Ce concombre est amer? laisse-le. Il y a des ronces dans le chemin? détourne-toi. C'est assez. Et ne dis pas: «Pourquoi ces choses-là se trouvent-elles dans le monde?» Car tu servirais de risée à l'homme qui connaît la nature, comme tu en servirais à un menuisier, à un cordonnier, en les blâmant de laisser voir dans leurs boutiques les copeaux et les rognures de leur travail. Cependant ils ont des endroits à mettre ce rebut, au lieu que la nature de l'univers n'a rien qui soit hors d'elle. Mais c'est cela même qui doit te donner plus d'admiration pour l'art de la nature, qui, ne s'étant donné d'autres bornes qu'elle, change et convertit en soi, pour faire de nouvelles productions, tout ce qui paraît corrompu, vieilli et inutile. Elle n'a pas besoin de matière du dehors, ni de lieu pour y jeter ce qui se gâte. Elle se suffit, et trouve en elle-même tout ce qu'il faut: le lieu, la matière et l'art.

LI. Quand tu agis, n'aie point l'air abattu d'un homme haletant de fatigue.

Point d'inquiétude dans la conversation.

Sois réglé et arrêté dans tes pensées.

Evite également l'air sombre et les saillies de vivacité.

Enfin ne consume pas ta vie dans les affaires.

On tue, on massacre, on maudit les empereurs. Cela m'empêchera-t-il de conserver une âme pure, sage, modérée, juste? Sois comme une source d'eau claire et douce qu'un passant s'aviserait de maudire; la source n'en continue pas moins de lui offrir une boisson salutaire; et, s'il y jette de la boue, du fumier, elle se hâte de les dissiper, de les laver, sans en être altérée.

Comment feras-tu pour avoir au-dedans de toi une source intarissable? En cultivant à toute heure dans ton cœur le goût de la liberté, de la bienveillance, de la simplicité, de la pudeur.

LII. Celui qui ne voit pas ce que c'est que le monde, ne voit pas où il est. Celui qui ne voit pas pourquoi il est né, ne sait pas ce qu'il est, ni ce que c'est que le monde. Et celui qui manque d'une de ces connaissances, ne saurait dire pourquoi lui-même a été fait. Lequel donc te paraît mener une vie plus douce? Celui qui dédaigne les louanges de telles gens, ou ceux-ci, qui ne savent où ils sont, ni ce qu'ils sont?

LIII. Tu veux être loué d'un homme qui trois fois dans une heure se maudit lui-même? Tu veux plaire à un homme qui se déplaît à lui-même? Et comment pourrait-il se plaire à lui-même, puisqu'il se repent de presque tout ce qu'il fait?

LIV. Ne te borne pas à respirer en commun l'air qui nous environne, mais commence aussi à ne plus avoir d'autres pensées que celles que nous inspire l'intelligence qui nous porte dans son sein. Car cette souveraine intelligence répandue partout, et qui se communique à tout homme qui sait l'attirer, est pour lui ce que l'air ne cesse d'être pour tout ce qui a la faculté de respirer.

LV. Le vice, considéré en général, n'est point un mal pour l'univers; et, considéré en particulier, il n'est point un mal pour un autre, mais seulement pour celui qui a reçu toute la force nécessaire pour en être exempt aussitôt qu'il le voudra.

LVI. La volonté de mon prochain m'est aussi étrangère que son âme et son corps; car quoique la nature nous ait particulièrement faits les uns pour les autres, cependant chacun de nos esprits a son domaine à part. S'il en était autrement, un méchant homme aurait pu me rendre méchant comme lui: pouvoir que Dieu n'a pas voulu lui donner, parce qu'en me rendant méchant, il m'aurait aussi rendu malheureux.

LVII. Le soleil semble se fondre en clarté; mais, quoiqu'il répande partout sa lumière, il ne s'épuise pas, car ce ne sont pas des pertes de substance, mais de simples extensions. Il ne fait que pousser des traits lumineux qu'on nomme rayons, d'un mot qui exprime, en grec, de la matière allongée. On peut juger de son opération, en considérant la lumière qui entre dans un lieu obscur par un passage étroit; toute cette lumière se porte d'abord en ligne droite; mais, à la rencontre du corps solide qui sépare le lieu fermé d'avec l'air extérieur, elle se divise; ce qui reste en dehors s'y arrête sans s'écouler ni tomber. Or, c'est ainsi que doivent être les épanchements de ton âme au dehors. Elle doit s'étendre jusqu'aux objets sans se dissiper, sans user de violence lorsqu'elle rencontre des difficultés, et sans tomber; il faut qu'elle s'arrête simplement, et qu'elle continue d'éclairer tout ce qui peut recevoir sa lumière. Ceux qui refuseront de s'en laisser pénétrer auront bien voulu s'en priver eux-mêmes.

LVIII. Celui qui redoute la mort craint ou d'être privé de tout sentiment, ou d'en avoir d'une autre sorte. Mais, s'il est privé de sentiment, il n'aura point de mal, et, s'il éprouve des sensations d'une autre sorte, il sera autrement animé, et ne cessera pas de vivre.

LIX. Les hommes ont été faits les uns pour les autres. Instruis-les donc, ou supporte-les.

LX. Le mouvement de notre esprit est bien différent de celui d'une flèche. Notre esprit, en s'arrêtant sur un objet pour le considérer sous toutes ses faces, n'en va que plus droit à son but.

LXI. Pénètre jusqu'au fond du cœur de tout le monde, et permets à tout le monde de pénétrer jusqu'au fond du tien.

LIVRE NEUVIÈME

Faire une injustice, c'est être impie; car la nature universelle ayant créé les êtres raisonnables les uns pour les autres, afin qu'ils se prêtent de mutuels secours, comme il convient à leur dignité, sans jamais se nuire, celui qui désobéit à cette volonté de la nature offense certainement la plus ancienne des déesses.

Faire un mensonge, est aussi pécher contre cette divinité; car la nature universelle est la mère de tous les êtres, ce qui les rend parents. De plus, la nature universelle est nommée avec raison la Vérité, puisqu'elle est la source de toute vérité. Ainsi celui qui ment avec intention pèche, parce que, en trompant, il fait une injustice; et celui qui ment sans intention fait aussi une action injuste, parce qu'il rompt l'harmonie établie par la nature universelle, et qu'il trouble l'ordre en contrariant la nature du monde. En effet, c'est la contrarier que de se porter à la fausseté malgré son propre cœur; car ce cœur avait reçu de la nature un sentiment d'aversion pour le faux, et c'est pour n'y avoir fait aucune attention que maintenant il n'est plus en état de sentir la différence du faux d'avec le vrai.

De même, celui qui recherche les voluptés comme des biens, et qui fuit les douleurs comme des maux est impie; car il est impossible qu'un tel homme n'accuse souvent la commune nature d'avoir fait un injuste partage aux méchants et aux bons, puisqu'il arrive souvent que les méchants nagent dans les plaisirs et vivent dans l'abondance de tout ce qui peut leur en procurer, pendant que les bons éprouvent la douleur et tous les accidents qui la font naître. D'ailleurs, celui qui redoute les douleurs craindra une des choses que l'ordre du monde lui destine un jour, ce qui est déjà impie; et celui qui court sans cesse après les plaisirs des sens ne s'en abstiendra pas pour une injustice, ce qui est une impiété manifeste. Or, il faut que celui qui veut se conformer à l'ordre de la nature regarde comme indifférentes toutes les choses que la nature a également faites; car elle ne les aurait pas faites également, si elles n'eussent été, à ses yeux, tout à fait égales. Tout homme donc qui ne reçoit pas également les plaisirs et les peines, la mort et la vie, la gloire et l'ignominie, choses que la nature envoie sans distinction aux bons et aux méchants, est, sans aucun doute, impie.

Quand je dis que la nature les envoie indifféremment, j'entends qu'elles arrivent indifféremment selon l'ordre et la suite de tout ce qui devait se faire successivement, en vertu d'un certain mouvement primitif que la Providence imprima, lorsque, dans une certaine époque, elle se fut déterminée à un tel arrangement, après avoir conçu en elle-même les combinaisons de tout ce qui devait être, et avoir semé partout les germes et les principes tant des divers êtres que de leurs changements et de leur succession dans l'ordre que nous les voyons.

II. Il serait sans doute plus agréable de sortir de la vie sans avoir connu le mensonge, ni la dissimulation, ni le luxe, ni le faste. Mais, après s'être rassasié de tous ces vices, il reste une ressource, qui est de mourir plutôt que de se résoudre à croupir volontairement dans le mal. Eh quoi! l'expérience ne t'a pas encore persuadé de t'enfuir du milieu de cette peste? Car la corruption de l'âme est une peste bien plus dangereuse que l'altération et la mauvaise qualité de l'air qui nous environne. Ceci n'est une peste que pour l'animal comme animal, au lieu que l'autre est la peste des hommes en tant qu'hommes.

III. Ne méprise point la mort; envisage-la favorablement, comme un des ouvrages qui plaisent à la nature; car être dissous est la même chose que passer de l'enfance à la jeunesse et puis vieillir, que croître et se trouver homme fait, que prendre des dents, de la barbe et puis des cheveux blancs, que donner la vie à des enfants, les porter, puis en accoucher, et ainsi des autres opérations naturelles qui conviennent à chaque âge. Il est donc d'un homme sage de n'être ni léger, ni emporté, ni fier et dédaigneux en face de la mort, mais de l'attendre comme une des fonctions de la nature. Attends donc le moment où ton âme s'échappera de son enveloppe, comme tu attends que l'enfant dont ta femme est enceinte vienne au monde.

Si tu veux encore un précepte, une maxime populaire propre à donner même du goût pour la mort, jette les yeux sur les objets dont elle te délivrera, sur le bourbier de mœurs dont tu seras sorti. Il ne faut point s'irriter contre les méchants; il faut même en prendre soin et les supporter avec douceur. Souviens-toi cependant que tu n'auras point à quitter des hommes imbus des mêmes principes que toi; car ce serait la seule chose qui pourrait te faire reculer devant la mort et t'attacher à la vie, si tu pouvais espérer de ne vivre qu'avec des hommes fidèles à suivre des maximes semblables aux tiennes. Mais tu sais combien la discordance de mœurs te rend fâcheuse la nécessité de vivre avec eux, jusqu'à te faire dire: «O mort, hâte-toi de venir, de peur qu'à la fin je ne m'oublie aussi moi-même!»

IV. Celui qui pèche, pèche contre lui-même. Et l'homme injuste se fait du mal à lui-même, puisqu'il se rend méchant.

V. Souvent on n'est pas moins injuste en ne faisant rien, qu'en faisant certaines choses.

VI. Puisque te voilà enfin pénétré de la vérité de tes principes, uniquement occupé d'actions utiles à la société, disposé du fond du cœur à recevoir tout ce que la cause par excellence voudra t'envoyer, c'est assez; sois content.

VII. Fais taire ton imagination; contiens tes désirs; éteins ta cupidité. Que ton âme se possède elle-même.

VIII. Une même sorte d'âme a été distribuée à tous les animaux sans raison, et un même esprit intelligent à tous les êtres raisonnables, comme tous les corps terrestres ont une même terre, et comme tout ce qui voit et qui respire ne voit qu'une même lumière, ne reçoit et ne rend qu'un même air.

IX. Tous les êtres qui ont entre eux quelque chose de commun tendent à s'unir à ceux de leur espèce. Les corps terrestres se portent vers la terre; ce qui est liquide cherche à couler avec les eaux, et l'air se joint à l'air; en sorte que, pour les tenir séparés, il faut employer quelque barrière et quelque force. Le feu se porte en haut, à cause du feu élémentaire. Celui d'ici-bas a tant de disposition à s'y aller joindre par l'embrasement, que toutes les matières un peu sèches s'enflamment aisément, parce qu'elles sont moins mêlées de ce qui pourrait les empêcher de prendre feu.

Il en est de même de tous les êtres qui participent de la nature intelligente; ils se portent avec une pareille force, et peut-être avec plus d'impétuosité, vers ce qui est de même nature qu'eux. Plus un être est parfait, plus il est prompt à se joindre et à se confondre avec son semblable.

Parmi les animaux sans raison, on a toujours vu des essaims d'abeilles, de grands troupeaux, des familles de poussins, en un mot, des sociétés qu'une sorte d'amour a rassemblées, parce que ces êtres ont une même sorte d'âme. Mais ce penchant à vivre en société est plus vif dans les êtres plus parfaits, et se trouve moins fort dans les plantes, dans les pierres, dans les bois.

L'espèce raisonnable est composée de peuples réunis ou confédérés, de familles et d'assemblées; dans les temps même de guerre, il se fait des capitulations ou des trêves.

Et parmi les êtres plus parfaits encore, même s'ils sont distants, on aperçoit une sorte de tendance à s'unir, comme parmi les astres. Parmi ces êtres plus excellents que l'homme, l'éloignement n'a pu empêcher cette tendance réciproque, effet de leur supériorité même.

Cependant considère ce qui se passe sous tes yeux. Les êtres raisonnables sont actuellement les seuls qui aient oublié cette mutuelle affection, ce penchant et cet attrait commun. On n'en voit plus d'exemple.

Mais les hommes ont beau se fuir; la nature plus forte se saisit d'eux et les arrête. Tu verras la vérité de ce que je dis, si tu y prends bien garde; car tu trouveras plutôt un corps terrestre séparé de la terre, qu'un homme qui ait rompu tout rapport avec ceux de son espèce.

X. Et l'homme, et Dieu, et le monde portent leur fruit, chacun en leur temps; et quoique ce mot *fruit* se dise plus communément de la vigne et autres plantes, ce n'en est pas moins une vérité. La raison porte aussi son fruit pour le bonheur propre de l'homme et pour celui de la société; et de là naissent d'autres fruits de même nature que la raison.

XI. Dissipe, si tu le peux, leurs préjugés; et, si tu ne le peux pas, souviens-toi que c'est pour eux que t'a été donné le sentiment de bienveillance. Les dieux même les aiment et leur donnent (tant ils ont de bonté) la santé, les richesses, la gloire. Il ne tient aussi qu'à toi de leur vouloir du bien; ou dis-moi qui t'en empêche.

XII. Travaille, non comme un misérable, ni pour te faire plaindre ou admirer; mais qu'il n'y ait dans ta vie ni action ni repos qui ne se rapporte à l'intérêt de la société.

XIII. Aujourd'hui, je me suis échappé de tous les embarras qui m'entouraient, ou, pour mieux dire, je les ai mis dehors; car ils n'étaient pas autour de moi, ils étaient dans mes opinions.

XIV. On s'est familiarisé avec tous ces objets par l'habitude; mais leur durée n'est que d'un jour, et ils sont composés d'une matière sale et dégoûtante. Ce sont aujourd'hui les mêmes que l'on voyait du temps de ceux que nous avons enterrés.

XV. Les objets subsistent hors de l'enceinte de nos âmes; ils ne se connaissent pas eux-mêmes, et ne peuvent nous apprendre ce qu'ils sont. Qu'est-ce donc qui nous l'apprend? C'est la raison qui nous guide.

XVI. Le bonheur et le malheur d'un être raisonnable et sociable ne dépendent pas des sensations qu'il éprouve, mais de ses actions, de même que ses vertus et ses vices ne consistent pas dans les sensations qu'il a, mais dans les actions qu'il fait.

XVII. Ce n'est pas un mal pour une pierre qui a été jetée en l'air de tomber, ni un bien non plus de monter.

XVIII. Entre dans ces têtes, et tu verras quels juges tu redoutes, et quels jugements ils font d'eux-mêmes.

XIX. Tout change. Toi-même tu changes continuellement et tu te détruis par quelque côté. Il en est de même du monde entier.

XX. Il faut laisser les fautes d'autrui où elles sont.

XXI. Une action, une impulsion, une pensée meurent, pour ainsi dire, lorsqu'elles finissent. Il n'y a point de mal à tout cela.

Songe maintenant à l'enfance, à l'adolescence, à la jeunesse, à l'âge avancé. Le passage de chacun de ces états à celui qui le suit suppose la mort de celui qui a précédé. Y a-t-il là quelque mal?

Passe ensuite aux intervalles de temps que tu as vécus sous ton aïeul, ta mère, ton père; rappelle-toi ainsi plusieurs autres différences et changements de situation, et t'arrêtant à la fin de chacun de ces événements, demande-toi: Y a-t-il eu là quelque mal?

Il en sera donc de même de la fin, de la cessation, du changement de toute ta vie.

XXII. On vient de t'offenser? Songe promptement à ton âme, à l'âme de l'univers, à celle de l'offenseur: à la tienne, pour la rendre juge; à celle de l'univers, pour te souvenir de quel tout tu fais partie; à celle de cet homme, pour voir si ce n'est point ignorance de sa part, plutôt que dessein prémédité. Songe en même temps que, comme homme, il est ton parent.

XXIII. Comme tu es le chef qui fait de l'Etat un corps entier, toutes tes actions doivent tendre à le maintenir dans une parfaite intégrité. Ne fais donc rien qui ne se rapporte de près ou de loin à ce but. Sans cela ta vie serait séparée du corps. Elle ne ferait plus avec lui un seul tout. Elle serait séditieuse comme l'est un homme qui, se faisant un parti dans une république, en rompt l'harmonie.

XXIV. Des querelles, des jeux d'enfants, des âmes qui promènent des cadavres: image vivante de l'Evocation des Mânes!

XXV. Tache de connaître la qualité du principe actif de chaque chose, et, faisant abstraction du matériel, contemple la nature. Détermine ensuite combien de temps au plus ce principe particulier doit subsister, suivant l'ordre de la nature.

XXVI. Tu as souffert des peines sans nombre pour n'avoir pas fait consister ton bonheur à faire tout ce qu'exige la constitution d'un être raisonnable. C'en est assez.

XXVII. Quand on te blâme, ou qu'on te hait, ou qu'on te décrie, examine de près l'âme de ces gens-là; pénètre dans leur for intérieur, et vois ce qu'ils sont. Tu reconnaîtras qu'il ne faut pas te tourmenter pour leur faire prendre une autre opinion de toi. Il faut cependant leur vouloir du bien, car la nature a voulu que vous fussiez amis; et les dieux eux-mêmes leur viennent en aide de cent manières, par la voie des songes et des oracles, pour leur faire avoir ces faux biens qu'ils recherchent avec inquiétude.

XXVIII. Les choses de ce monde sont toujours les mêmes; elles se meuvent en cercle, les unes en haut, les autres en bas, d'un siècle à l'autre. Mais de deux choses l'une: ou l'intelligence de l'univers agit sur chaque partie, et alors il faut bien te soumettre à ses impulsions; ou bien elle a donné une fois le mouvement, et tout le reste va de suite, chaque effet tenant à sa cause comme une chaîne d'atomes ou d'éléments indivisibles.

Quoi qu'il en soit, s'il y a des dieux, tout est bien; mais, en supposant le hasard, ton intelligence en dépend-elle?

Bientôt la terre nous couvrira tous. Elle-même changera. Tout prendra d'autres formes, et puis d'autres à l'infini. Or, en considérant cette suite de changements et de transformations, et leur rapidité, il y a bien lieu de se dégoûter de tout ce qui est mortel.

XXIX. La cause universelle est un torrent qui entraîne tout.

Que je fais peu de cas de ces chétifs politiques qui prétendent qu'on peut faire mener à tout un peuple une vie de philosophes! Ce ne sont que des enfants O homme! que cherches-tu? Fais ce que la raison demande. Tâche même, à l'occasion, d'y ramener les autres, pourvu que ce soit sans ostentation. Mais ne compte pas pouvoir jamais établir la république de Platon. Sois content si tu parviens à rendre les hommes tant soit peu meilleurs; ce ne sera pas peu de chose. Qui pourrait changer ainsi les opinions de tout un peuple? Mais, sans ce changement, que feras-tu? Des esclaves qui gémiront de la contrainte où tu les tiendras, des hypocrites qui feront semblant d'être persuadés.

Va donc et parle-moi maintenant d'Alexandre, de Philippe, et de Démétrius de Phalère. Je ne sais s'ils ont bien connu ce qu'exige la commune nature, et s'ils ont cultivé leurs propres mœurs. Mais, s'ils n'ont fait que du bruit sur la scène du monde, je ne suis pas condamné à les imiter.

La philosophie agit d'une manière simple et modeste. N'espère pas réussir à me jeter dans une gravité affectée.

XXX. Contemple, comme d'un lieu élevé, ces milliers de troupeaux, ces milliers de funérailles, toutes ces navigations sous la tempête ou par un beau temps, cette diversité d'êtres qui naissent, qui vivent quelque peu ensemble et qui meurent.

Songe à ceux qui ont vécu jadis sous d'autres règnes, à ceux qui vivront après le tien, et aux nations barbares. Combien ignorent jusqu'à ton nom! Combien l'auront bientôt oublié! Combien qui aujourd'hui s'accordent à te bénir et qui te maudiront demain!

Ah! que cette renommée, que cette gloire, que le tout ensemble est méprisable!

XXXI. Ne point te laisser troubler par ce qui vient d'une cause extérieure, et pratiquer la justice en tout ce qui dépend du principe qui réside en toi, c'est-à-dire diriger tes affections et tout ce que tu fais au bien de la société, comme à un objet intimement lié par la nature avec ton existence.

XXXII. Il te sera facile de bannir loin de toi beaucoup de choses qui te troublent, et qui dépendent entièrement de l'idée que tu t'en formes. Mets-toi sur-le-champ bien au large. Représente-toi le monde entier. Représente-toi ton propre siècle. Vois quel rapide changement dans chaque ordre d'êtres! Quel court espace il y a de leur naissance à leur dissolution! Quel espace immense les a précédés! Quel espace immense les suit!

XXXIII. Tous les êtres vivants que tu vois tomberont bientôt en poussière, et ceux qui les verront périr périront bientôt eux-mêmes. Ainsi l'homme qui meurt dans l'extrême vieillesse ne sera pas plus avancé que celui qui meurt fort jeune.

XXXIV. Quelles têtes! Quels objets d'attachement! Et pourquoi ils aiment et honorent! Considère ces petites âmes toutes nues. Lorsqu'ils s'imaginent nuire par leur blâme, servir par leurs louanges, quelle présomption!

XXXV. Périr n'est autre chose qu'être changé: c'est ce qui plaît beaucoup à la nature universelle, qui fait si bien toutes choses. De tout temps elle en a usé ainsi. A l'infini elle fera des choses nouvelles. Pourquoi donc dis-tu que tout est et sera toujours mal, que tant de dieux n'ont pas eu assez de puissance pour corriger ce désordre, et que le monde a été condamné a être perpétuellement misérable?

XXXVI. La matière de chaque corps n'est que pourriture. C'est de l'eau, de la poussière, des ossements, de l'ordure. Les marbres sont de simples callosités de la terre; l'or et l'argent ne sont que des sédiments. Ma robe n'est que du poil de bête; et sa couleur de pourpre n'est que le sang d'un coquillage. Tout le reste a un fond analogue; et même ce qui respire n'est pas de nature différente: il vient de là et y retourne.

XXXVII. C'est avoir passé trop de temps à te rendre misérable, à murmurer, à faire des grimaces ridicules. Qu'est-ce qui te trouble? Qu'est-ce qu'il y a de nouveau dans ces accidents? Qu'est-ce qui te fait perdre courage? Est-ce la cause par excellence? Considère la nature pleine de bonté. Est-ce la matière? Fais attention à sa qualité purement passive. Il n'y a rien de plus. Montre donc à l'avenir aux dieux un cœur plus simple et meilleur.

Il est égal d'avoir connu ce monde pendant trois ans ou pendant cent ans.

XXXVIII, A-t-il fait une faute? c'est à lui-même qu'il a manqué; mais peut-être ne l'a-t-il pas faite.

XXXIX. Ou tout ce qui arrive découle d'une seule source intelligente, comme dans un seul corps, et il ne convient pas que la partie se plaigne de ce qui se fait pour le grand tout; ou bien il n'y a que des atomes qui se mêlent et se dispersent, et rien de plus. Pourquoi te troubler? Tu dis à l'esprit qui te guide: *Tu es un corps privé de vie, tu n'es que corruption, tu n'es plus qu'un animal sans raison, tu n'as qu'une belle apparence, tu n'es bon qu'à vivre en troupeau et à te repaître.*

XL. Ou les dieux ne peuvent rien, ou ils peuvent quelque chose. S'ils ne peuvent rien, pourquoi les prier? Et, s'ils ont quelque pouvoir, pourquoi ne les pries-tu pas de te délivrer de tes craintes, de tes désirs, de tes peines d'esprit, au lieu de les prier de te donner telle chose ou de mettre fin à telle autre? Car enfin, si les dieux peuvent venir au secours des hommes, ils peuvent bien les aider en cela.

Mais peut-être tu diras: «Les dieux ont mis ces choses en mon pouvoir.» Alors, il vaudrait mieux user de ton pouvoir, et vivre en liberté, que de te laisser tourmenter avec la bassesse d'un esclave par des choses qui ne dépendent pas de toi. Mais qui t'a dit que les dieux ne viennent point à notre secours dans les choses même qui dépendent de nous? Commence seulement à les prier de cette manière, et tu verras. Celui-ci prie pour obtenir les faveurs de sa maîtresse. Toi, prie pour n'avoir jamais de pareils désirs. Celui-là prie pour être délivré de tel fardeau. Toi, prie d'être assez fort pour n'avoir pas besoin de cette délivrance. Un autre prie les dieux de lui conserver son cher enfant. Toi, prie pour ne pas craindre de le perdre. En somme, tourne ainsi tes prières, et attends l'effet.

XLI. Epicure dit: «Pendant mes maladies, je ne parlais jamais à personne de ce que je ressentais dans mon misérable corps; je n'avais point, avec ceux qui venaient me voir, de ces sortes de conversations. Je ne les entretenais que de ce qui tient le premier rang dans la nature.

»Je m'attachais surtout à leur faire voir comment notre âme, sans être insensible aux commotions de la chair, pouvait cependant être exempte de trouble, et se maintenir dans la jouissance paisible du bien qui lui est propre. En appelant des médecins, je ne contribuais pas, ajoute-t-il, à leur faire prendre des airs importants, comme si la vie qu'ils tâcheraient de me conserver était pour moi un grand bien Même alors, je vivais tranquille et heureux.»

Fais donc comme Epicure, dans les maladies, comme dans les autres accidents de la vie. Ne te sépare jamais de la philosophie. En toute occasion évite ces frivoles discours que tient le vulgaire ou celui qui n'a point étudié la nature. C'est un devoir commun à toute profession de s'occuper uniquement de sa tâche, et de se bien servir de l'instrument qu'elle a en main pour la faire.

XLII. Quand quelqu'un te choque par son impudence, fais-toi aussitôt cette question: «Est-il possible que dans le monde il n'y ait point d'impudents?» — Cela ne se peut. Ne demande donc pas l'impossible. Celui-ci est un de ces impudents qui doivent nécessairement se trouver dans le monde. Ne manque pas d'en dire autant du fourbe, du traître, de tout autre méchant; car, en te rappelant qu'il est impossible de ne pas rencontrer des hommes de cette espèce, tu en seras plus indulgent pour chacun d'eux.

Il est aussi très utile de penser d'abord à la vertu que l'homme a reçue de la nature contre chaque défaut de son prochain. Elle lui a donné la douceur comme une sorte de préservatif contre la colère que peut exciter la sottise; et contre un autre défaut elle a donné un autre antidote. Après tout, il ne tient qu'à toi de remettre dans le bon chemin celui qui s'est égaré; car tout homme qui manque à son devoir manque le but général qu'il s'est proposé.

En quoi donc te trouves-tu offensé? Cherche, et tu trouveras qu'aucun de ceux qui causent ton indignation n'a altéré les facultés de ton âme; car tu ne peux souffrir un vrai mal, un vrai préjudice qu'en elle. Mais y a-t-il un vrai mal, est-il étrange qu'un homme sans éducation fasse les actions d'un homme de sa sorte? Vois plutôt si tu ne dois pas t'accuser toi-même de n'avoir pas attendu de lui ces fautes-là. Les lumières de la raison devaient te le faire présumer; c'est pour l'avoir oublié que tu t'étonnes de sa faute.

Surtout, quand tu te plains d'un homme sans foi, d'un ingrat, reviens sur toi-même; car c'est évidemment ta faute d'avoir cru qu'un homme sans foi serait fidèle, ou d'avoir eu, en faisant du bien, autre chose en vue que d'en faire et de goûter dans le moment même tout le fruit de ta bonne action. Eh! que cherches-tu de plus en faisant du bien aux hommes? Ne te suffit-il pas d'avoir agi conformément à ta nature? Tu veux en être récompensé? C'est comme si l'œil demandait à être récompensé parce qu'il voit, ou les pieds parce qu'ils marchent; car comme ces parties du corps ont été faites pour une fin, et que, en agissant selon leur structure, elles ne font que ce qui leur est propre, de même aussi l'homme, ayant été créé pour être bienfaisant, n'a fait que remplir les fonctions de sa structure lorsqu'il a fait du bien à quelqu'un ou qu'il a contribué à lui procurer des avantages extérieurs. Il a dès lors tout ce qui lui appartient.

LIVRE DIXIÈME

Ô mon âme! quand seras-tu donc bonne et simple, et toujours la même, et toute nue, plus à découvert que le corps même qui t'enveloppe? Quand feras-tu sentir à tous les hommes une douce et tendre bienveillance? Quand seras-tu assez riche de toi-même pour n'avoir besoin de rien, pour n'avoir rien à désirer au-dehors parmi les êtres animés ou inanimés pour en faire ton plaisir, ni désirer d'avoir le temps d'en jouir, ni d'être en quelque autre lieu, dans un autre pays, ni de respirer un air plus pur, ni de vivre avec des hommes plus sociables; mais que, te pliant à ta situation, tu prendras plaisir à tout ce qui est, persuadée que tu as en toi tout ce qu'il te faut, que tout va bien pour toi, qu'il n'y a rien qui ne te vienne des dieux, que tout ce qu'il leur a plu d'ordonner et ce qu'ils ordonneront ne peut être que bon pour toi, et en général pour la conservation du monde, cette créature animée qui est parfaite en soi, bonne, juste et belle, qui produit, embrasse, contient toutes les autres, et reçoit dans son sein toutes celles qui se dissolvent pour en reproduire de semblables? Quand est-ce enfin que tu te seras mise en état de vivre avec les dieux et les hommes, de façon que tu ne te plaignes jamais d'eux, et qu'ils n'aient rien à blâmer dans tes actions?

II. Vois ce qu'exige ton corps pour végéter. Fais ce qu'il faut; nourris-le, de façon pourtant que ta vie animale n'en soit point altérée. Vois ensuite ce que réclame ta nature animale, et ne rejette aucune de ses exigences, à moins qu'elles n'altérassent en toi l'âme raisonnable: je dis raisonnable et en même temps sociable. Suis ces règles, et ne t'inquiète plus de rien.

III. Ou la nature t'a donné assez de force pour supporter tout ce qui t'arrive, ou elle ne t'en a pas donné assez. Si tu as reçu assez de force, uses-en, et ne te fâche point. Et si l'accident est au-dessus de tes forces, prends encore patience, car en te consumant il se consumera aussi. Mais souviens-toi que, par ta nature, tu peux supporter tout ce qu'il est en ton pouvoir de rendre supportable et tolérable, en considérant ton vrai intérêt ou ton honneur.

IV. S'il se trompe, instruis-le avec bonté; fais-lui connaître son erreur. Et, si tu ne peux y réussir, n'accuse que toi, ou même ne t'accuse pas.

V. Tout ce qui pourra t'arriver était préparé de toute éternité. La combinaison des causes avait été faite de toute éternité pour l'amener et le faire coïncider avec ton existence.

VI. Qu'il y ait des atomes ou d'autres principes naturels, il est d'abord constant que je suis une partie de cet univers gouverné par la nature; ensuite qu'il y a une sorte d'alliance entre moi et les parties qui sont de mon espèce.

Pénétré de la pensée que je fais partie du grand tout, je ne recevrai point avec peine ce qu'il m'aura distribué; car ce qui est utile au tout ne peut être mauvais pour la partie, et il ne peut rien y avoir dans le tout qui ne serve au bien général. Cela est commun à tous les principes naturels. Mais de plus, il ne peut y avoir hors de l'univers aucune cause naturelle qui l'oblige à produire ce qui serait mauvais pour lui.

Ainsi, en me rappelant que je fais partie d'un certain tout actuel, je prendrai en bonne part tout ce qui m'arrivera; et en même temps, si je songe que j'ai une sorte d'alliance avec les parties de même espèce que moi, je ne ferai rien de nuisible à la société. Au contraire, je rapporterai tout à mes semblables; je dirigerai tous les mouvements de mon cœur vers le bien général, et je fuirai tout ce qui s'y opposerait.

Par ce moyen je mènerai sûrement une vie heureuse, comme tu conçois que serait celle d'un citoyen qui s'occuperait sans cesse à faire des choses utiles à sa patrie, et qui accepterait de bon cœur tout ce qu'elle jugerait à propos de lui distribuer.

VII. C'est une nécessité aux parties du grand tout, je veux dire à toutes celles qui composent le monde visible, de se corrompre, c'est-à-dire de s'altérer pour aller former d'autres individus.

Si je dis que c'est pour elles un mal, et un mal nécessaire, ce monde est donc mal gouverné; car en effet ses parties paraissent faites pour s'altérer et se corrompre de mille manières.

Est-ce que la nature aurait voulu tout exprès faire du mal à ses parties, les assujettir au mal, les créer pour les y faire tomber inévitablement? Ou bien cela se passerait-il indépendamment de la nature? L'une et l'autre hypothèses sont invraisemblables.

Que si quelqu'un, sans parler de la nature, disait seulement: «Les parties du monde sont ainsi faites»; il n'éviterait pas le ridicule de la contradiction qu'il y a de convenir que les parties du monde sont faites pour changer de forme, et d'être cependant étonné, fâché même de ces changements comme d'un désordre, surtout quand on voit chaque individu se résoudre dans les principes dont il avait été formé. Car la corruption vient ou de la dispersion des éléments du corps, ou de la conversion de ce qu'il a de solide en terre, et de ce qu'il a de volatil en air, l'un et l'autre rentrant dans la pépinière de tous les êtres de l'univers pour être consumés un jour avec lui, ou pour le renouveler par de perpétuelles vicissitudes.

Et ne t'imagine pas que ces parties solides et volatiles du corps y soient depuis sa conception; car tout ceci n'y est que d'hier ou d'avant-hier, par les aliments ou la respiration. C'est donc ceci qui change, et non ce que la mère a mis au monde.

Et si tu supposes que ceci fasse une partie intégrante de l'homme, une telle supposition, à mon avis, ne détruit pas ce qui est et ce que j'ai voulu dire.

VIII. Te flattes-tu de mériter les titres de bon, de modeste, de véridique, de prudent, de doux, de magnanime? Prends donc bien garde à ne point mériter les titres contraires; et si tu perds ceux-là, tâche de les recouvrer au plus tôt. Mais souviens-toi que le titre de *prudent* veut dire que tu dois avoir pris l'habitude d'examiner attentivement et sans distraction la nature de chaque objet; que le titre de *doux* t'oblige à acquiescer volontairement à tout ce que la commune nature t'a distribué; que le titre de *magnanime* suppose une élévation d'âme au-dessus de toutes les impressions douces ou rudes que la chair éprouve, au-dessus de la vaine gloire, au-dessus de la mort et des accidents les plus terribles.

Si tu tâches de mériter tous ces titres (sans te soucier que les autres te les donnent), alors tu deviendras un autre homme, et tu parviendras à une vie toute nouvelle; car de rester le même que tu as été par le passé, de continuer de mener une vie où l'âme reçoit mille atteintes mortelles et se couvre de souillures, c'est n'avoir plus aucun sentiment, c'est être esclave de l'amour de la vie, c'est ressembler à ces gladiateurs à moitié dévorés dans un combat contre des bêtes, et qui, tout couverts de blessures, de sang et de poussière, demandent cependant à être réservés jusqu'au lendemain pour être livrés aux mêmes ongles et aux mêmes dents.

Entre donc en possession de ce petit nombre de titres; et, si tu peux y rester, restes-y, aussi content que si tu étais transporté dans un séjour comparable aux îles des Bienheureux.

Que si tu sens que la possession de ces beaux noms t'échappe, si tu manques de force pour les retenir tous, aie du moins le courage de te retirer dans quelque coin du monde où il te soit possible de régner entièrement sur toi; car autrement il vaudrait mieux quitter le monde même, sans colère cependant, et au contraire avec simplicité et en homme libre et modeste qui du moins aura voulu faire la bonne action de le quitter avec ces sentiments.

Au surplus tu te sentiras puissamment attiré à la pensée de ces titres, si tu te ressouviens des dieux; ils ne se soucient pas d'être simplement loués par des êtres raisonnables, mais de trouver parmi ces êtres des âmes en tout pareilles aux leurs. Songe que comme un figuier porte des figues, comme un chien et une abeille font ce qui convient à la nature, il faut aussi que l'homme fasse tout ce qui convient à la raison qui lui est propre.

IX. Les spectacles, la guerre, les craintes, une sorte d'engourdissement te tiennent esclave. Ah! de jour en jour tes saintes maximes s'effaceront.

Combien d'idées ne te formes-tu pas et ne laisses-tu pas échapper, parce que tu n'étudies point la nature! Il faut voir et agir en tout de telle manière que ce qui se présente à faire soit fait, et que l'action n'exclue jamais la réflexion. Ce double exercice te conservera dans un état de satisfaction intérieure, et qui cependant ne pourra se cacher.

Quand goûteras-tu les fruits de la simplicité, de la gravité, de la connaissance de chaque objet qui se présente, voyant ce qu'il est dans le fond, quel rang il occupe dans le monde, combien de temps il doit durer, de quelles parties il est composé, qui peut en jouir, enfin qui peut le donner et l'ôter?

X. Une araignée est fière d'avoir pris une mouche; et, parmi les hommes, l'un se glorifie d'avoir pris un lièvre; un autre, un poisson; celui-ci, des sangliers ou des ours, et celui-là des Sarmates. Mais, si tu examines bien quels ont été les motifs et les principes de ces derniers, ne diras-tu pas que ce sont aussi des brigands?

XI. Accoutume-toi à contempler les transformations des êtres les uns dans les autres. Fais-y une continuelle attention. Exerce-toi dans cette partie. Rien ne rend l'âme plus grande: elle se détache par là du corps. Celui qui pense que bientôt il faudra tout quitter en quittant les hommes, se soumet aux lois de la justice pour tout ce qu'il faut faire, et aux lois de la nature universelle pour tout ce qui arrive. Il ne fait pas la plus légère attention à ce que les autres disent, pensent, ou font à son sujet, content de ces deux choses: de faire avec justice ce qu'il doit faire présentement, et d'aimer ce qui lui est présentement distribué.

Libre de tout autre soin, de toute autre affection, il ne veut qu'aller droit selon la loi, et que suivre Dieu qui est le guide et le terme de sa route.

XII. Pourquoi s'amuser à des conjectures, quand on peut voir sur-le-champ ce qu'il y a à faire? Si tu le vois, marche vers ton objet paisiblement et avec fermeté. Si tu ne le vois point, suspends ton jugement, et prends l'avis de tes meilleurs conseillers. S'il se présente encore quelque difficulté, penses-y, et, selon les circonstances, marche à ce qui te paraîtra le plus juste. C'est ce qu'il y a de mieux à faire. En allant à ce but, quelle chute pourrais-tu craindre?

Celui qui en toutes choses suit la raison sait concilier le repos avec l'activité nécessaire, et l'enjouement avec un air posé.

XIII. A ton réveil, demande-toi: Aurai-je intérêt qu'un autre que moi fasse des actions justes et honnêtes? — Non.

As-tu oublié que ces gens qui louent et blâment les autres avec orgueil, montrent le même orgueil à ceux qui les voient au lit, à table? As-tu oublié quelle est leur conduite, ce qu'ils craignent ou ce qu'ils ambitionnent, et les injustices qu'ils font? Ce ne sont pas leurs mains ou leurs pieds qui sont coupables. C'est la plus précieuse partie d'eux-mêmes, celle qui produit, lorsqu'elle le veut, la foi, la pudeur, la justice, la sincérité, un bon génie.

XIV. Un homme instruit et modeste dit à la nature qui donne tout et qui retire tout: «Donne-moi ce que tu voudras, reprends tout ce qu'il te plaira.» Et il ne le dit point par fierté, mais par un sentiment de résignation et d'amour pour elle.

XV. Il te reste bien peu de temps à vivre. Passe ta vie comme si tu étais seul retiré sur une montagne; car peu importe d'être ici ou là, dès que l'on peut vivre partout suivant les lois de la grande cité du monde.

Que les humains voient et connaissent en ta personne un homme qui vit conformément à sa nature. S'ils ne peuvent le supporter, qu'ils te tuent. Cela vaudrait mieux encore que de vivre ainsi.

XVI. Il ne s'agit plus du tout de discourir sur les qualités qui font l'homme de bien, mais de l'être.

XVII. Représente-toi sans cesse l'éternité du temps et l'immensité de la matière. Chaque corps n'est, par rapport à celle-ci, qu'un grain de millet, et sa durée n'est, pour le temps, qu'un tour de vrille.

XVIII. En arrêtant ta pensée sur chaque objet qui se présente, imagine-toi qu'il se dissout déjà, qu'il est en voie de changer de forme, de se pourrir, de se dissiper. Tout a été fait pour mourir.

XIX. Que sont les hommes qui ne font que prendre leurs repas, dormir, s'accoupler, aller à la selle, faire les autres fonctions animales?

Que sont ces hommes qui en gouvernent d'autres avec orgueil, s'emportant et traitant de haut en bas leurs inférieurs? Un peu auparavant ils faisaient bassement leur cour. Et pourquoi?

Dans peu de temps les uns et les autres seront réduits au même état.

XX. Ce que la nature de l'univers apporte à chaque homme lui est utile, et lui est utile au moment où elle l'apporte.

XXI. Euripide a dit: «La terre aime la pluie, et l'air à la donner.»

Il semble que le monde aime à faire tout ce qui doit arriver. Je dis donc au monde: «Je joins mon amour au tien.» Mais ne dit-on pas aussi dans le langage commun: *Telle chose aime à se faire?*

XXII. Ou tu vis dans ta maison, et tu y es accoutumé; ou tu en sors, et tu l'as voulu; ou tu meurs, et ta tâche est faite. Et voilà toute ta vie. Sois donc rassuré.

XXIII. Tiens toujours pour évident que la campagne n'est pas différente de ceci, et qu'on y trouve les mêmes choses sur le sommet d'une montagne, ou sur le bord de la mer, ou partout ailleurs. «Tu peux être dans une ville, dit Platon, comme un berger dans sa cabane sur une montagne.»

XXIV. Aiguillonne-toi encore ainsi: En quel état est la raison qui te guide? Qu'est-ce que tu en fais? A quoi te sert-elle maintenant? A-t-elle perdu son intelligence? S'est-elle détachée, s'est-elle arrachée de la société des hommes? S'est-elle tellement absorbée et confondue dans cette misérable chair qu'elle en suive toutes les impressions?

XXV. Celui qui s'enfuit de chez son maître est un déserteur. La loi est notre maître; donc celui qui la viole est un déserteur. Il en est de même de celui qui s'afflige, qui se fâche, qui craint, qui se refuse à ce qui a été fait ou se fera en vertu de l'ordre établi par celui qui gouverne toutes choses. Celui-ci est la loi; c'est lui qui distribue à chacun son lot. Donc, celui qui craint, qui s'afflige, qui se fâche est un déserteur.

XXVI. Celui qui vient de déposer dans le sein d'une mère le germe d'un embryon s'en va; mais une autre cause lui succédant travaille et achève le corps de l'enfant. Quelle merveilleuse production d'une si vile matière! Cette même cause fournit encore à l'enfant et lui porte dans les viscères un aliment convenable; puis une autre cause reprenant ce qui reste à faire, produit en lui le sentiment et l'instinct, en un mot la vie, la force et toutes les autres facultés. Que de facultés! et qu'elles sont admirables! Quoique toutes ces choses soient fort cachées, il faut les contempler et y reconnaître la main d'une puissance qui agit en secret, comme nous reconnaissons la force qui attire en bas les corps pesants, ou qui porte en haut les corps légers. Ces sortes d'opérations ne se voient point avec les yeux du corps; mais elles n'en sont pas moins évidentes.

XXVII. Ne te lasse point de considérer que ce que tu vois faire à présent s'est toujours fait et se fera toujours; rappelle-toi toutes les comédies, toutes les scènes du même genre que tu as vues ou que tu connais par l'histoire, par exemple toute la cour d'Adrien, toute la cour de Titus-Antonin, toute la cour de Philippe, d'Alexandre, de Crésus. Tout cela n'était pas différent de ce que tu vois; c'étaient seulement d'autres acteurs.

XXVIII. Tout homme qui s'afflige et se fâche de quelque événement que ce soit, ressemble à un vil pourceau qui, pendant qu'on l'immole, regimbe et crie. Fais-toi la même image de celui qui, se voyant étendu dans son lit, y déplore seul en secret sa destinée. Songe qu'il n'a été donné qu'aux êtres raisonnables d'obéir librement aux dispositions primitives; car ne faire qu'y obéir simplement, c'est pour tous une chose inévitable.

XXIX. Passe en revue chacune des actions de ta vie, et demande-toi si la mort est terrible parce qu'elle pourra te priver de faire telle chose.

XXX. Quand tu trouves quelqu'un en faute, reviens aussitôt sur toi; compte sur tes doigts les fautes à peu près semblables que tu fais: par exemple, en regardant comme un bien les richesses, le plaisir, la vaine gloire, et autres choses pareilles; c'est un voile que tu jetteras sur la faute d'autrui, et ton indignation disparaîtra bien vite. Ajoute que c'est malgré lui qu'il a péché. Que pouvait-il faire? Ou bien délivre-le, si tu le peux, de la tyrannie qu'il éprouve.

XXXI. En voyant les philosophes de ton temps, Satyron, Euphratès, Alcyphron, Xénophon, imagine-toi voir Eutychès, Hymen, Eutichyon, Sylvain, Tropéophore, Criton, Severus; et en te regardant toi-même, songe à quelqu'un des anciens Césars. Uses-en de même pour chacun de tes contemporains; rappelle-toi quelque autre ancien qui ait eu du rapport avec lui. Fais ensuite cette réflexion: Où sont ces gens-là? Nulle part, ou bien ils sont en tel lieu qu'il te plaira. Ainsi tu t'accoutumeras à voir que les choses humaines ne sont que fumée et que néant, surtout si tu te ressouviens que ce qui aura une fois changé de forme ne la reprendra jamais dans la suite des siècles.

Et toi, quand changeras-tu?

Mais quoi! ne te suffit-il pas de passer avec honnêteté ce peu de jours?

Quelle est la matière, quel est le sujet de tes aversions? Car enfin, qu'est-ce que tout cela, sinon des occasions d'exercice pour un homme raisonnable qui a bien et méthodiquement réfléchi sur tout ce qui se passe dans la vie? Arrête-toi donc jusqu'à ce que tu te sois rendu ces idées familières, comme un bon estomac se rend propres toutes sortes d'aliments, comme un grand feu tourne en flamme et en lumière tout ce qu'on y jette.

XXXII. Que personne ne puisse dire avec vérité que tu n'es pas simple dans tes mœurs, ou que tu n'es pas homme de bien. Fais mentir quiconque sera de ce sentiment, car tout cela dépend de toi. Quelqu'un t'empêchera-t-il d'être bon et d'aimer la simplicité? Prends seulement une bonne résolution de renoncer à la vie plutôt qu'à ces vertus; car la raison ne te permet pas de vivre autrement.

XXXIII. Qu'est-ce qu'on peut faire ou dire de mieux en cette occasion? Quoi que ce soit, il ne tient qu'à toi de le faire ou de le dire. Ne cherche point à t'excuser sur les difficultés.

Tu ne cesseras de te plaindre que le jour où tu te seras mis en état de faire, avec autant d'empressement que les voluptueux en mettent à leurs plaisirs, ce que réclame, dans chaque occasion qui s'offre, la constitution même de l'homme. Car enfin c'est jouir délicieusement de soi-même que de faire tout ce qui convient à sa propre nature. Or, il est en ton pouvoir de le faire dans quelque situation que tu sois.

Un cylindre ne peut de lui-même se mettre en mouvement que dans une certaine situation. Il en est de même de l'eau, du feu et des autres choses qui ne sont régies que par les impressions de la nature ou d'une sorte d'âme destituée de raison; car souvent les lois de la nature les retiennent et leur interdisent tout mouvement. Mais une âme intelligente et raisonnable n'a qu'à vouloir. Elle est en état, par sa nature, de franchir tous les obstacles; elle se donne tel mouvement qu'il lui plaît, et avec la même facilité que le feu s'élève, que l'eau s'écoule, qu'un cylindre roule sur une pente. Si tu as toujours devant les yeux cette vérité, il ne t'en faut pas davantage.

Les obstacles ne peuvent agir que sur le corps, ce cadavre que l'âme traîne, et ils ne peuvent ni frapper l'âme ni lui faire aucun mal, à moins qu'elle ne s'imagine faussement que ce sont de vrais obstacles pour elle, et qu'elle ne se laisse dominer par cette erreur; car s'il en était autrement, l'âme arrêtée par la difficulté deviendrait aussitôt mauvaise.

Les ouvrages de l'art ne peuvent éprouver aucun accident qu'aussitôt ils ne deviennent moins bons; au lieu que si l'homme fait un bon usage des difficultés, il en devient en quelque sorte meilleur et plus digne de louange.

Souviens-toi, en un mot, qu'un citoyen de cette grande ville du monde ne peut être blessé que de ce qui offenserait la ville entière. Il n'est rien qui puisse nuire au monde que ce qui troublerait la loi de son arrangement, et aucun de ces accidents que le vulgaire nomme fâcheux ne peut troubler cet ordre; donc ils ne peuvent nuire à la ville ni au citoyen.

XXXIV. Lorsqu'on a une fois mordu aux vrais principes, un mot très court et même trivial suffit pour nous faire bannir la tristesse et la crainte. Par exemple, ce mot d'Homère:

> Comme on voit par les vents les feuilles arrachées,
> De même les mortels...

Oui, tes chers enfants ne sont que des feuilles légères; feuilles aussi ces hommes qui, d'un air convaincu, nous louent et nous bénissent en public, ou qui au contraire nous maudissent en particulier, nous déchirent et nous accablent de leurs railleries; feuilles pareillement ceux qui, après notre mort, se souviendront de nous. Un printemps les voit naître, un coup de vent les abat, ensuite la forêt en produit d'autres; mais leur durée est également courte.

Et toi, tu crains et tu désires tout, comme si tout devait être éternel!

Tu mourras aussi, et celui qui t'aura mené au tombeau sera bientôt pleuré par un autre.

XXXV. Un œil sain doit être en état de regarder tout ce qui est visible, et ne pas dire: «Je veux du vert», car c'est là le langage d'un œil malade. De même, dans l'état de santé, les organes de l'ouïe et de l'odorat sont prêts à recevoir toutes sortes de sons ou d'odeurs, et un bon estomac digère indifféremment toutes sortes d'aliments, comme une meule de moulin est faite pour broyer toutes sortes de grains. Il faut donc aussi qu'une raison bien saine soit préparée à tout ce qui peut arriver. Celle qui dit: «Oh! que mes enfants vivent! Oh! que je sois louée de tout le monde!» celle-là est un œil qui désire du vert, ou des dents qui veulent du tendre.

XXXVI. Aucun homme n'est assez fortuné pour n'avoir pas en mourant quelqu'un près de lui qui soit bien aise de l'événement. Que ce soit un homme vertueux et sage, ne se trouvera-t-il pas quelqu'un qui, le voyant à sa dernière heure, dira: «Je respirerai enfin, délivré de ce pédant. Il est vrai qu'il ne faisait du mal à aucun de nous, mais nous avons bien senti qu'en secret il nous condamnait. Voilà pour l'homme de bien.

Quant à nous, souverains, combien de sortes d'intérêts font dire à bien des gens: «Qu'il s'en aille!» Cette pensée donc doit te faire quitter la vie plus volontiers, car tu pourras te dire: «Je quitte une vie où ceux qui passaient la leur avec moi, pour qui j'avais tant travaillé, fait tant de vœux, pris tant de soucis, sont les mêmes qui veulent ma mort, dont peut-être ils espèrent quelque avantage. Pourquoi rester ici plus longtemps?»

Cependant ne t'en vas pas pour cela moins bien disposé à leur égard; continue d'avoir pour eux de l'affection, de l'amitié, de l'indulgence. Ne les quitte pas non plus comme si on t'arrachait du milieu d'eux. Il faut que tu t'en sépares avec la même aisance que l'âme de ceux qui savent bien mourir se dégage de leur corps. Car enfin c'est la nature qui te lie et t'unit avec eux; c'est elle qui t'en détache. Je prends congé, il est vrai, de mes amis, mais sans déchirement de cœur, sans violence; car c'est une chose conforme à la nature.

XXXVII. Prends l'habitude, en voyant les actions d'autrui, de te faire, autant qu'il se pourra, cette question: «Quel est le but que cet homme se propose?» Mais songe d'abord à tes propres actions, et commence par t'examiner toi-même.

XXXVIII. Souviens-toi que les opinions, ces cordons qui te remuent comme une marionnette, sont au-dedans de toi. C'est ce qui te fait vouloir; c'est ta vie, et, s'il est permis de le dire, c'est ce qui fait l'homme. Ne t'arrête jamais à considérer autour de toi cette espèce de vase qui te renferme, ni les organes dont il est composé; car ces organes sont pour toi comme une scie, avec cette seule différence qu'ils sont nés avec toi. Mais, sans la cause qui les fait mouvoir et qui les modère, ils resteraient aussi inutiles que le seraient, sans le secours de la main, la navette au tisserand, la plume à l'écrivain, le fouet au cocher.

LIVRE ONZIÈME

Voici les propriétés de l'âme raisonnable: elle se voit elle-même, elle se façonne, elle se fait comme elle veut être; elle recueille les fruits qu'elle porte, au lieu que les productions des plantes et des animaux sont recueillies par d'autres. A quelque moment que la vie se termine, elle a toujours atteint le but où elle tendait. Car il n'en est pas de la vie comme d'un ballet et d'une pièce de théâtre ou d'autres représentations qui restent imparfaites et défectueuses si on les interrompt. A quelque âge, en quelque lieu que la mort la surprenne, elle forme du temps passé un tout achevé et complet, de sorte qu'elle peut dire: «J'ai tout ce qui m'appartient.» De plus, elle parcourt l'univers entier et le vide qui l'environne; elle en examine la figure; elle s'étend jusqu'à l'éternité; elle embrasse et considère le renouvellement de l'univers fixé à des époques certaines; elle conçoit que ceux qui viendront après nous ne verront rien de nouveau, comme ceux qui nous ont devancés n'ont rien vu de plus que ce que nous voyons, et qu'ainsi un homme qui a vécu quarante ans, pour peu qu'il ait d'entendement, a vu, en quelque façon, tout ce qui a été avant lui et tout ce qui sera après, puisque tous les siècles se ressemblent. Les autres propriétés de l'âme sont l'amour du prochain, la vérité, la pudeur, et de ne respecter personne plus que soi-même, ce qui est aussi le propre de la loi. C'est ainsi que la droite raison ne diffère en rien des règles de la justice.

II. Pour empêcher que le chant, la danse, ou le spectacle des exercices réunis ne t'affectent trop, considère-les dans leurs parties. Demande-toi sur le chant: «Est-ce un tel ton qui me ravit?» Et sur la danse: «Est-ce un tel pas, un tel geste qui me charme?» Tu n'oserais te l'avouer. Uses-en de même pour tous les spectacles.

En général, dans tout ce qui n'est pas la vertu ou ce qui vient d'elle, n'oublie pas de considérer au plus vite chaque objet dans ses détails, afin que cette analyse en diminue l'impression; et applique cette méthode à toute la vie.

III. Quelle âme que celle qui est prête à sortir du corps, à l'instant même, s'il le faut, soit pour s'éteindre ou se dissiper, soit pour subsister à part! Je dis *prête* par un effet de ses réflexions particulières, non par opiniâtreté pure, comme les chrétiens, mais avec jugement et gravité, et de manière à faire passer ces sentiments dans l'âme d'un autre, sans faste tragique.

IV. Ai-je fait quelque chose pour la société? J'ai donc fait ce qui m'est utile. Que cette vérité soit toujours présente à ton esprit, et travaille sans cesse.

V. Quel est ton métier? — D'être homme de bien. — Par quel moyen le devient-on? — Par les principes qu'inspire la contemplation de la nature universelle et de la structure particulière de l'homme.

VI. On inventa d'abord la tragédie, pour nous faire voir que la vie est sujette à de grands accidents, qu'ils doivent arriver ainsi naturellement, et que les mêmes choses qui nous ont amusés au théâtre ne doivent pas nous paraître insupportables sur la grande scène du monde; car vous voyez que le monde ne saurai s'en passer, et qu'Œdipe, obligé de les souffrir, s'écrie en vain: «O! Cithéron!»

Il est vrai que les poètes tragiques disent quelquefois des choses très utiles, par exemple:

«Si les dieux ne prennent aucun soin de mes enfants, cela même n'est pas sans raison.»

Et encore:

«Il ne faut point se fâcher contre les événements...

Et:

«Il faut que notre vie soit moissonnée comme les épis.»

Et autres pensées semblables.

Après la tragédie, on inventa la comédie que nous appelons ancienne, laquelle, usant d'une liberté magistrale et appelant chaque chose par son nom, servit à rappeler à la modestie des citoyens orgueilleux. C'est dans ce but que Diogène lui emprunta quelques traits.

Considère ensuite quel a été le but de la comédie moyenne, et enfin de la nouvelle, qui bientôt a dégénéré en une représentation ingénieuse des mœurs. On sait bien que les auteurs de ces sortes de comédies disent aussi de bonnes choses; mais, après tout, quel peut être le fruit de toute la peine qu'on prend à disposer et embellir ces fictions?

VII. Ah! que tu vois bien qu'il n'y a pas d'autre genre de vie plus propre à l'étude de la sagesse que celui que tu mets présentement en pratique!

VIII. Il est impossible qu'une branche détachée d'une autre ne le soit de l'arbre entier. De même un homme séparé d'un autre homme est retranché du corps entier de la société. C'est une main étrangère qui coupe la branche; mais c'est l'homme qui se sépare lui-même de son prochain, en le prenant en haine ou en aversion Ah! il ignore qu'en même temps il rompt les liens qui l'attachaient à toute la société civile. Il est vrai que le souverain des dieux, en formant la société, a donné à l'homme l'heureux pouvoir de se réunir à son prochain, et par là de redevenir partie d'un même tout; mais, si cette séparation vient à se faire trop souvent, le rétablissement et la réunion en deviennent difficiles. Il y a toujours une sensible différence entre une branche qui dès le commencement a crû et végété avec l'arbre, et celle qui, après la séparation, y a été remise et entée; les jardiniers en conviennent.

Restons unis, mais pensons chacun à part.

IX. Comme ceux qui te font obstacle dans le chemin de la droite raison ne peuvent te détourner d'une bonne action, ne cesse pas de les aimer. Mais reste ferme également dans ces deux principes: l'un, de persévérer dans ta façon de penser et d'agir; l'autre, d'avoir de la douceur pour ceux même qui veulent te faire obstacle ou qui te causent quelque autre peine. Car il n'y aurait pas moins de faiblesse à leur en vouloir du mal qu'à abandonner la bonne action et succomber à la crainte. C'est agir en soldat qui abandonne son poste que de se laisser intimider ou de haïr celui que la nature a fait notre parent et notre ami.

X. La nature est toujours supérieure à l'art, car tous les arts cherchent à imiter les choses naturelles. Par conséquent, la nature la plus parfaite, celle qui comprend toutes les choses naturelles, ne le cède point en industrie aux arts. Or les arts font ce qu'il y a de moins bien pour ce qu'il y a de mieux. Donc la commune nature en use de même, et c'est ce qui produit la justice, vertu qui suppose toutes les autres. Car nous n'observerons pas la justice, si nous désirons fortement les biens extérieurs, si nous donnons dans les préjugés, si nous sommes faibles, si nous sommes légers.

XI. Puisqu'il est vrai que les choses dont le désir ou la crainte te troublent ne s'approchent pas de ton âme, et que c'est au contraire ton âme qui en quelque sorte s'approche d'elles par l'opinion qu'elle s'en forme, arrête donc cette opinion. Les objets resteront immobiles; on ne te verra plus les désirer ni les craindre.

XII. La sphère de l'âme est lumineuse, lorsqu'elle ne s'étend et ne s'attache à rien du dehors, lorsqu'elle ne se dissipe ni ne s'affaisse point. Elle brille alors d'une lumière qui lui découvre la vérité de toutes choses et d'elle-même.

XIII. Un tel me méprise? Cela le regarde. Pour moi, je veillerai à ne rien faire ou dire qu'il puisse trouver digne de mépris. Un autre me hait? C'est son affaire. La mienne est d'avoir de la bienveillance et de la douceur pour tout le monde et pour lui-même, et d'être prêt à lui montrer qu'il se trompe, non en le mortifiant, non en affectant de la modération, mais avec une noble franchise et avec bonté, comme en usait Phocion, si toutefois il ne feignait pas; car il faut que cette conduite parte du cœur, et que les dieux y voient un homme vraiment patient et résigné. En effet, peut-il y avoir pour toi quelque mal tant que tu feras ce qui convient à ta nature, et tant que tu recevras ce qui convient à la nature de l'univers, en homme créé pour laisser faire en toutes façons ce qui sert à l'utilité commune?

XIV. Ces gens-là se méprisent et se caressent. Ils cherchent à se supplanter et se font des bassesses.

XV. Quelle corruption et quelle fausseté de dire: *J'ai résolu de traiter franchement avec vous!* Que fais-tu, ô homme? A quoi bon ce préambule? La chose se fera voir d'elle-même. Ce que tu dis a dû, dès le commencement, être écrit sur ton front, éclater dans tes yeux, et s'y laisser lire avec autant de facilité qu'un amant découvre toutes choses dans les yeux de sa maîtresse.

Un homme franc et honnête est en quelque sorte comme celui qui a mauvaise odeur; dès qu'on l'approche, on sent, et même sans le vouloir, avec qui l'on a affaire.

L'affectation de franchise est un poignard caché. Rien n'est plus honteux qu'une *amitié de loup*. Evite cela par-dessus tout. Un homme vertueux, simple, sans art, et qui n'a que de bonnes intentions, porte ces qualités dans ses yeux. On les y voit toujours.

XVI. L'âme trouve en elle-même ce qui peut la faire vivre de la vie la plus belle. Elle n'a qu'à regarder avec indifférence tout ce qui est réellement indifférent, et, pour y parvenir, considérer chaque objet extérieur tant séparément que par rapport au grand tout, se souvenir qu'aucun de ces objets n'est capable d'imprimer en nous quelque opinion à son sujet, ni même de s'approcher de nous; ils restent immobiles; c'est nous qui formons notre jugement sur eux, et qui le gravons, pour ainsi dire, de notre main, au-dedans de nous. Or, il dépend de nous de ne le point graver, ou même de l'effacer promptement s'il s'y est glissé à notre insu. Au reste, c'est une attention qui sera de peu de durée, puisqu'elle finira bientôt avec notre vie. Mais, après tout, qu'y a-t-il de difficile à prendre comme il faut les choses qui se présentent? Si elles conviennent à ta nature, jouis-en gaiement; point de difficulté. Si elles n'y conviennent pas, cherche en toi-même ce qui peut y convenir, et vole à ce but, même s'il n'y a pas de gloire à en attendre. Il n'est défendu à personne de chercher son propre bien.

XVII. Pense d'où chaque être est venu, de quels éléments il se compose, quels changements il éprouvera, ce qui en pourra résulter; et tu verras qu'il ne peut lui en arriver aucun mal.

XVIII. Voici neuf articles qu'il est bon que tu médites incessamment:

Premièrement Quelles qualités naturelles me lient avec les autres hommes? Nous sommes nés les uns pour les autres; mais, sous un autre rapport, j'ai été fait pour les conduire, comme le bélier son troupeau ou le taureau le sien. Remonte plus haut: s'il n'y a point d'atomes, c'est la nature qui gouverne tout; et, si cela est, les êtres moins bons sont faits pour les meilleurs, et ceux-ci les uns pour les autres.

Deuxièmement. Quelle est leur conduite à table, au lit, ailleurs? Surtout à quelles nécessités ils sont asservis par leurs opinions? Et cependant quel faste dans cette bassesse!

Troisièmement. Si parmi leurs actions il y en a de bonnes, il ne faut pas en être jaloux. S'ils font mal, c'est malgré eux, sans doute, et par ignorance; car il n'y a point d'âme qui ne soit privée malgré elle non seulement de la connaissance de la vérité, mais encore de cette justice qui fait rendre à chacun ce qui lui est dû. C'est pour cela qu'ils souffrent impatiemment d'être appelés injustes, ingrats, avares, en un mot, de méchants voisins.

Quatrièmement. Tu pèches aussi souvent que ton voisin. Tu lui ressembles; et si tu t'abstiens de certaines fautes, tu n'en as pas moins un penchant à les commettre, quoique par crainte ou par vanité ou par tout autre mauvais principe tu te retiennes.

Cinquièmement. Tu n'es pas même bien certain s'ils font mal. Car on fait beaucoup de choses d'après un plan de conduite; et il faut être informé de beaucoup de circonstances, pour pouvoir se prononcer en connaissance de cause sur les actions d'autrui.

Sixièmement. Es-tu bien fâché, bien irrité?... La vie humaine est si courte! Dans peu de temps ne serez-vous pas tous au tombeau?

Septièmement. Notre trouble ne vient pas de leurs actions, car elles ont leur principe dans l'esprit qui les guide eux-mêmes; mais il vient de nos seules opinions. Chasse donc ton opinion. Cesse de juger de leurs actions comme d'un mal qui te touche; ta colère se dissipera. — Mais comment chasser cette opinion? — Par ce raisonnement, qu'il n'y a là rien qui soit honteux pour toi; car le vrai mal ne consiste que dans ce qu'il est honteux de faire soi-même. S'il en était autrement, tu serais, malgré toi, coupable de bien des crimes; tu deviendrais un brigand et un malfaiteur capable de tout.

Huitièmement. La colère et le chagrin que nous font éprouver les actions d'autrui sont un mal qui nous blesse bien plus réellement que ces mêmes actions qui nous fâchent et nous chagrinent.

Neuvièmement. La douceur est une force invincible lorsqu'elle est sincère et sans affectation ni déguisement. Car que pourra te faire le plus méchant des hommes, si tu persévères à le traiter avec douceur; si, dans l'occasion, tu te contentes de lui donner paisiblement des avis et des leçons, au moment même où il s'efforce le plus de te nuire? «Non, mon enfant; nous sommes nés pour vivre d'une autre manière. Tu ne saurais me faire un vrai mal; mais tu t'en fais à toi-même, mon enfant.» Puis, lui montrer adroitement et comme parlant en général que son procédé n'est pas dans l'ordre de la nature, et que ni les abeilles ni aucun des autres animaux nés pour vivre en troupes ne traitent ainsi leur semblable. Il ne faut pas faire cela d'un air de moquerie ni d'insulte, mais avec l'air de la vraie amitié et sans rancune; non en pédant, ni pour te faire admirer, mais comme n'ayant en vue que lui seul, y eût-il d'autres témoins.

Souviens-toi de ces neuf articles, comme d'autant d'inspirations des Muses, et tu commenceras enfin à être homme pour le reste de ta vie.

Mais il ne faut pas moins éviter l'adulation que la colère. Ces défauts sont également contraires à la nature de la société, et tendent également à la blesser. Dans tes accès de colère, rappelle-toi qu'il est indigne d'un homme de s'emporter, et que comme il est plus conforme à sa nature d'avoir de la bonté et de la douceur, c'est aussi un procédé plus mâle, qui montre plus de force, plus de nerf, plus de vigueur, que de se laisser dominer par le dépit et l'impatience. Plus cette conduite ressemble à l'insensibilité, plus elle approche de la force. Il est d'un homme faible d'être triste ou en colère: c'est toujours avoir été blessé et s'être rendu à un vainqueur.

Si tu veux une dixième maxime, reçois-la comme un présent du dieu qui conduit les Muses. Vouloir que les méchants ne fassent pas de méchancetés, c'est folie, car c'est vouloir l'impossible; mais les laisser pour ce qu'ils sont, et vouloir qu'ils ne te manquent point, c'est sottise et tyrannie.

XIX. Il y a quatre sortes de pensées sur lesquelles il faut veiller sans cesse pour les effacer à l'instant même de ton esprit en te disant à toi-même: Cette imagination-ci ne sert à rien; celle-là tend à ruiner la société; cette autre va te faire parler contre tes vrais sentiments, ce qui serait la plus indigne des actions; enfin la dernière sera pour toi un juste sujet de te faire ce reproche que tu assujettis la partie la plus divine de toi-même et que tu la rends esclave de la moins noble, de celle qui doit mourir, en un mot de ton corps et des grossières sensations qu'il éprouve.

XX. Quoique les parties d'air et de feu qui entrent dans la composition de ton corps soient plus légères et qu'elles se portent naturellement en haut, cependant elles y restent. De même, quoique les parties de terre et d'eau qui sont en toi se portent naturellement en bas, cependant elles se tiennent dans ton corps à une place qui ne leur est pas naturelle. Ainsi les éléments même obéissent à la loi générale, conservant la place qui leur a été fixée contre leur pente, jusqu'à ce que cette même loi leur donne le signal de la dissolution. N'est-ce donc pas chose honteuse que la partie intelligente de ton être soit la seule indocile et qui se fâche de garder son poste? On ne lui ordonne rien qui soit au-dessus de ses forces; on ne lui commande que ce qui convient à sa propre nature, et cependant elle s'impatiente, elle se révolte contre l'ordre. Car tout ce qui la porte à l'injustice, à l'intempérance, à la tristesse, à la crainte est un mouvement de révolte contre la nature. C'est vouloir quitter son poste que de se fâcher des accidents de la vie. L'âme n'est pas moins faite pour avoir de la fermeté et de la piété que pour avoir de la justice. La fermeté et la piété sont des vertus nécessaires à un citoyen de l'univers. La loi qui les exige est même plus ancienne que toute action juste.

XXI. Celui qui ne dirige pas toujours ses actions vers un seul et même but, ne saurait être pendant toute sa vie toujours égal et le même. Ce n'est pas assez dire, si tu n'ajoutes quel doit être ce but. Or, puisque tous les hommes n'ont pas la même idée sur les biens, pas même sur ceux à qui la plupart donnent ce nom, et comme ils s'accordent seulement sur de certains biens, je veux dire sur ceux qui le sont en effet pour toute la société, il suit de là que notre but doit être de faire des actions utiles à l'humanité et à notre cité; car celui qui rapportera toutes les affections de son cœur à ce but rendra toutes ses actions uniformes, et par ce moyen il sera toujours le même.

XXII. Rappelle-toi la fable du rat des champs et du rat de ville, la frayeur du premier, et sa retraite précipitée.

XXIII. Socrate, dans ses discours, mettait les maximes débitées par bien des gens au rang de ces loups-garous dont on fait peur aux petits enfants.

XXIV. Les Lacédémoniens, dans leurs spectacles, plaçaient les étrangers à l'ombre, et se mettaient eux-mêmes où ils pouvaient.

XXV. Perdiccas ayant demandé à Socrate pourquoi il ne venait pas chez lui: «C'est, répondit Socrate, pour ne pas mourir désespéré de recevoir du bien sans pouvoir en faire à mon tour.»

XXVI. Chez les Ephésiens, on avait établi pour loi de rappeler souvent au peuple le souvenir de quelque ancien recommandable par sa vertu.

XXVII. Les pythagoriciens voulaient qu'en nous levant nous contemplassions le ciel, afin de nous rappeler ces êtres toujours les mêmes, qui font toujours de même leur ouvrage, et pour penser à leur ordre et à leur pureté toute nue; car un astre n'a point de voile.

XXVIII. Rappelle-toi comment se comporta Socrate lorsqu'il fut obligé de se couvrir d'une peau, parce que Xanthippe était sortie emportant ses habits, et ce qu'il dit à ses amis qui rougirent et reculèrent en le voyant vêtu de la sorte.

XXIX. Tu n'aurais point commencé d'écrire et de lire avant que d'avoir commencé à l'apprendre; il en est de même à plus forte raison de l'art de bien vivre.

XXX. Vil esclave, tais-toi...

XXXI. De tous ces vains discours je ris au fond du cœur.

XXXII. La vertu leur déplaît...

XXXIII. C'est folie de chercher en hiver des figues sur un figuier; et tel est celui qui cherche partout son cher enfant, lorsqu'il ne lui est plus donné de l'avoir.

XXXIV. Epictète conseillait à tout père qui baise son enfant de dire tout bas: «Tu mourras peut-être demain.» — Mais cela est de mauvais augure. — Rien, répondait-il, de ce qui signifie une opération naturelle n'est de mauvais augure, car autrement il serait de mauvais augure de parler de la moisson.

XXXV. Du raisin vert, du raisin mûr, du raisin sec, tout cela n'est que changement, non de l'être au néant, mais d'une manière d'être en une autre.

XXXVI. C'est un mot d'Epictète:

«Il n'y a point de ravisseur, point de tyran du libre arbitre.»

XXXVII. Le même Epictète disait: «Il faut se faire des règles sur les consentements à donner; et, en matière de désirs, avoir soin d'y mettre des conditions. Point de tort à la société, point d'excès. Réprimer tous les appétits, mais ne rien redouter de ce qui ne dépend pas de nous.»

XXXVIII. «Il ne s'agit point ici, disait-il, d'une question frivole, mais de savoir si nous avons ou non l'usage de la raison.»

XXXIX. Socrate disait: «Que voulez-vous avoir? Voulez-vous des âmes raisonnables ou sans raison? — Nous voulons des âmes raisonnables. — Voulez-vous des âmes saines, ou qui ne le soient pas? — Nous voulons des âmes saines. — Pourquoi donc ne cherchez-vous point à les avoir? — C'est que nous les avons. — Mais, si vous les avez, pourquoi vous querellez-vous? Pourquoi vois-je parmi vous des partis contraires?»

LIVRE DOUZIÈME

Si tu te veux du bien, tu peux, dès aujourd'hui, posséder les vraies sources de ce bonheur que tu désires et autour duquel tu ne fais que tourner. Tu n'as qu'à oublier le passé, remettre l'avenir entre les mains de la Providence, et, ne t'occupant que du présent, le diriger vers des objets de sainteté et de justice: de *sainteté,* en aimant ta destinée telle qu'elle est, car la nature l'a faite pour toi et t'a fait pour elle; de *justice,* en disant toujours librement et sans détour la vérité, et faisant tout ce qu'exigent les lois et le mérite des circonstances.

Que rien ne t'en empêche, ni la méchanceté des autres, ni leurs opinions, ni leurs discours, ni même ce qu'ils pourraient faire souffrir à cette masse de chair que tu nourris autour de toi; car c'est elle qui souffre: c'est son affaire.

Te voilà bientôt à la fin de ta course. Si tu dédaignes tout le reste pour t'occuper uniquement du culte de cet esprit dont la source est divine et qui te guide; si tu ne crains pas de mourir, mais seulement de n'avoir pas assez tôt commencé à vivre conformément à ta nature, tu te rendras digne du monde qui t'a donné l'être, tu ne seras plus un étranger dans ta patrie, tu ne recevras plus avec surprise, comme des événements inattendus, ce qui arrive journellement, tu ne dépendras plus de ceci ou de cela.

II. Dieu ne regarde que les esprits, sans faire attention à ces vases matériels, à ces écorces, à ces ordures qui les enveloppent; car l'intelligence divine ne touche qu'aux émanations dérivées de sa propre substance. Accoutume-toi à faire de même: tu te débarrasseras d'une foule d'inquiétudes qui t'assiègent; car celui qui ne voit autour de son âme qu'une misérable enveloppe de chair, daignera-t-il s'occuper d'un bel habit, d'un palais, de la gloire même, de toute cette sorte d'entour et d'appareil théâtral?

III. Tu es composé de trois choses: d'un corps, d'une âme animale, et d'un esprit. De ces trois substances, les deux premières ne t'appartiennent que pour en prendre soin; mais la troisième est proprement à toi.

Si donc tu parviens à éloigner de toi, c'est-à-dire de ton esprit, tout ce que les autres hommes font ou disent, tout ce que tu as fait ou dit, toutes les idées de l'avenir qui te troublent, tout ce qui se passe malgré toi dans ce corps qui t'environne, ou dans l'âme animale formée avec lui, et tout ce qu'un tourbillon extérieur fait rouler autour de toi, en sorte que ton esprit, se dérobant à la destinée du monde, ne vive qu'avec lui-même, pur, libre, pratiquant la justice, voulant tout ce qui lui arrive, disant toujours la vérité; si, dis-je, tu parviens à séparer ainsi de ton esprit ce que l'impression des sens lui fait éprouver malgré lui, si tu laisses là le passé comme l'avenir; si tu te rends semblable à la sphère d'Empédocle, qui, parfaite en rondeur, se contente de tourner autour d'elle seule; si tu ne songes à vivre que ce que tu vis, je veux dire le moment présent, alors tu seras en état de passer le reste de tes jours jusqu'à la mort sans aucun trouble, dans une noble liberté, dans une parfaite union avec le génie qui t'anime.

IV. J'ai souvent admiré jusqu'à quel point l'homme s'aime lui-même par-dessus tout, et cependant il fait moins de cas de sa propre opinion sur ce qu'il vaut que de celle d'autrui. En effet, si quelque dieu ou un maître sage obligeait un homme à rendre compte sur-le-champ en public de tout ce qui se passerait dans son cœur ou dans son imagination, il ne résisterait pas un jour entier à cette contrainte. Il est donc vrai que nous sommes plus touchés de l'opinion d'autrui que de la nôtre.

V. Comment se peut-il que les dieux, qui ont arrangé toutes choses dans un si bel ordre et avec tant d'amour pour l'espèce humaine, aient négligé un seul point, à savoir que les hommes très vertueux, après avoir vécu dans une espèce de commerce continuel avec la divinité, et s'en être fait aimer par quantité de bonnes actions et de sacrifices, ne soient plus rappelés à la vie lorsqu'une fois ils sont morts, et qu'ils soient éteints pour toujours?

S'il en est ainsi, tu dois être persuadé que c'est bien, et que les dieux en eussent ordonné autrement s'il l'eût fallu; car la chose était possible, s'il eût été juste qu'elle fût. Et si un tel événement eût été dans l'ordre de la nature, on l'aurait vu arriver par des causes naturelles. Mais de cela même qu'il n'arrive point (s'il est vrai qu'il n'arrive pas), tu dois conclure qu'il ne l'a pas fallu. Tu vois même que, dans cette curieuse recherche, tu disputes des droits de l'homme vis-à-vis de Dieu. Or, nous n'en userions pas ainsi avec les dieux, s'ils n'étaient souverainement bons et souverainement justes; et, cela étant, ils n'ont rien oublié de ce qu'il était juste et raisonnable de faire dans l'arrangement du monde.

VI. Accoutume-toi même aux choses que tu désespères d'accomplir; car la main gauche qui, faute d'habitude, est ordinairement faible, tient pourtant la bride plus fortement que la main droite: c'est qu'elle y est accoutumée.

VII. En quel état faut-il que se trouvent et le corps et l'âme quand la mort arrive? Cette vie est courte; elle est précédée et suivie d'une éternité. Toute matière est fragile.

VIII. Il faut contempler, tout nus et dépouillés de leurs écorces, les motifs, les rapports des actions; ce que c'est que la douleur, la volupté, la mort, la gloire. Quelle est la cause qui nous ôte un repos que personne n'a le pouvoir de nous ôter ? Tout dépend de nos opinions.

IX. Dans la pratique des bons principes, il faut se comporter comme un athlète prêt à tous les genres de combats, et non comme un simple gladiateur; car aussitôt que celui-ci a laissé tomber son épée, il est tué, au lieu que l'autre a la main toujours prête, et n'a besoin que d'elle pour frapper.

X. Tu connaîtras bien la nature des affaires, si tu examines séparément quel en est le fond, quelle en a été la source, et à quoi elles tiennent.

XI. Que le pouvoir de l'homme est grand! Il est libre de ne rien faire que ce que Dieu doit approuver, et de recevoir avec résignation tout ce qu'il plaît à Dieu de lui envoyer.

XII. Désormais, il ne faut se plaindre ni de la nature ni des dieux, car ils ne font point de fautes ni volontairement ni malgré eux. Il ne faut pas non plus se plaindre des hommes, car toutes leurs fautes sont involontaires. Ainsi ne te plains jamais.

XIII. Il faut être bien ridicule et bien neuf pour s'étonner de tout ce qui arrive dans le cours de la vie.

XIV. Tout a pour cause ou la nécessité du destin et un arrangement immuable, ou bien une Providence bienfaisante, ou enfin un mélange confus de causes qui agissent d'elles-mêmes sans conducteurs.

Si c'est l'immuable nécessité, à quoi bon se raidir?

Si c'est une Providence bienfaisante, rends-toi digne de l'assistance de la divinité.

Mais si tout ce monde n'est qu'un mélange confus, sans maître qui y préside, songe avec plaisir que tu as en toi-même, au milieu des flots agités, une intelligence qui te sert de guide. Si les flots t'emportent, ils n'entraîneront que ta chair et tes facultés animales; car ils n'ont aucun pouvoir sur ton intelligence.

XV. Quoi! la lumière d'une lampe brille jusqu'au moment où elle s'éteint et ne perd rien de son éclat; et la vérité, la justice, la tempérance qui sont en toi s'éteindraient avant toi!

XVI. Lorsque quelqu'un te donne lieu de t'imaginer qu'il a fait une faute, demande-toi s'il est bien sûr que c'en soit une; et, si la faute est certaine, dis-toi qu'il s'est déjà jugé coupable, châtiment aussi sensible que s'il s'était déchiré lui-même le visage.

Songe encore que celui qui ne veut pas qu'un méchant fasse des fautes ressemble à celui qui ne voudrait pas que le fruit d'un figuier contînt du lait, ni que les enfants au berceau pleurassent, ni que les chevaux hennissent, et ainsi des autres choses qui arrivent nécessairement. Que voudrais-tu que fît un homme qui a de mauvaises habitudes? Puisque tu es si habile, guéris-le de ces habitudes.

XVII. Si une chose n'est pas honnête, ne la fais point. Si elle n'est pas vraie, ne la dis point. Car tu en es le maître.

XVIII. Contemple sans cesse le grand tout. Quel est en lui-même cet objet qui m'affecte? Analyse-le. Considère séparément son principe, sa substance, ses rapports, sa durée, son dernier terme.

XIX. Commence enfin à sentir que tu as en toi quelque chose de plus excellent et de plus divin que ce qui fait naître tes passions, que ce qui t'agite en un mot comme les cordons font les marionnettes.

Qu'est-ce présentement que ma pensée? Est-ce crainte, soupçon, désir effréné, ou quelque autre chose semblable?

XX. Point d'entreprise vaine et sans objet; point d'entreprise qui ne se rapporte à quelque avantage pour la société.

XXI. Dans peu de temps, et toi, et tout ce que tu vois maintenant, et tous ceux qui vivent aujourd'hui, vous ne serez plus; car toutes choses sont faites pour être déplacées, changées, corrompues, afin que de leurs débris il naisse, dans l'ordre marqué, d'autres productions.

XXII. Tout n'est qu'opinion, et l'opinion dépend de toi; chasse-la, tu le peux, et, comme le navigateur qui a doublé un cap, tu trouveras un ciel serein, une grande tranquillité, un golfe uni et calme.

XXIII. Une action particulière quelconque qui finit en son temps ne perd rien de sa valeur parce qu'elle finit. Celui qui l'a faite n'éprouve non plus aucun mal à cause de cette fin. De même donc notre vie, qui n'est qu'un composé d'actions, venant à finir en son temps, ne devient pas malheureuse en ce qu'elle finit, et celui qui en son temps se trouve parvenu à la dernière de ses actions n'est point malheureux. C'est toujours la nature qui distribue le temps convenable et le terme quelquefois la nature particulière, quand on meurt de vieillesse, et en général la nature de l'univers, lequel, par le changement continuel de ses parties, est toujours jeune et vigoureux. Ce qui est utile à l'univers est toujours bien et toujours de saison. Ainsi la fin de la vie n'est point un vrai mal pour nous, puisqu'elle n'offre rien de honteux qui dépende de notre volonté, qui blesse les lois communes. C'est même un bien, puisqu'elle est de saison pour l'univers, qu'elle lui est utile, et qu'elle est amenée avec tout le reste.

Si tu penses de cette façon, si tu te portes vers les mêmes objets que Dieu, et si ta raison se porte à approuver tout ce qu'il fait, tu pourras te dire vraiment porté par l'esprit de Dieu.

XXIV. Trois règles qu'il te faut avoir sous la main:

Premièrement. Dans toutes tes actions, ne rien faire sans réflexion, ni d'une autre manière que ne le ferait la justice elle-même; et quant aux événements du dehors, te dire que c'est un effet du hasard ou de la Providence. Or, il ne faut ni accuser le hasard, ni se plaindre de la Providence.

Deuxièmement. Qu'est-ce que l'homme depuis sa conception jusqu'à ce qu'il ait une âme, et depuis qu'il l'a jusqu'au moment où il la rend? Quel assemblage, et quelle décomposition.

Troisièmement. Elève-toi en idée. Vois l'espèce humaine; songe à ses changements continuels. Regarde en même temps ce grand nombre d'êtres qui occupent autour de toi l'air et le ciel. Toutes les fois que tu retourneras à ce poste, tu reverras des objets de même nature. Tout se retrouvera semblable et de peu de durée. Comment peut-on avoir de l'orgueil au milieu de tout cela?

XXV. Rejette ces préjugés, et te voilà sauvé. Qui donc t'empêche de les rejeter?

XXVI. Quand tu es fâché de quelque chose, c'est que tu as oublié que tout arrive selon l'ordre de la nature universelle; que les fautes des autres ne sont un mal que pour eux; et encore que tout ce qui se fait dans le monde s'est toujours fait et se fera, et qu'il se fait partout.

Tu as oublié quel lien de parenté unit chaque homme à tout le reste du genre humain, non par le sang et la naissance, mais par une participation commune à la même intelligence.

Tu as oublié que l'esprit de chacun de nous est un dieu émané de l'Etre suprême; que nous ne possédons rien en propre, puisque même nos enfants, notre corps et notre âme nous sont venus de cet Etre suprême; que tout est opinion; et enfin que la vie de chacun se réduit à la jouissance du moment présent, et qu'on ne peut perdre que ce moment.

XXVII. Rappelle-toi souvent les grands exemples de colère, d'honneur, d'infortune, de haine, toute aventure célèbre; puis demande-toi: «Qu'est-ce que tout cela est devenu?» Fumée, cendre, un conte, pas même un conte.

Autres exemples de même nature: Fabius Catullinus à sa maison des champs, Lucius Lupus à Capoue, Stertinius à Bales, Tibère à Caprée, et Velius Rufus. Combien tout cela est différent de l'opinion qu'on en avait! Que le but de tant d'efforts était vil!

Ah! qu'il est bien plus sage, dans toutes les circonstances, de se montrer juste, modéré, soumis aux dieux! Mais avec simplicité; car l'ostentation de modestie est tout ce qu'il y a de pire.

XXVIII. A ceux qui te demandent où tu vois des dieux et ce qui te prouve qu'il y en a pour les honorer autant que tu le fais, réponds premièrement qu'ils sont visibles Dis-leur ensuite: «Je n'ai jamais vu mon âme, et cependant je la respecte. Il en est de même de ces génies divins: comme j'éprouve continuellement leur puissance, je ne doute pas qu'il n'y ait des dieux, et je les révère.»

XXIX. Pour vivre heureux, il faut voir ce que chaque chose est en elle-même par un effet de l'ordre universel, quelle est sa matière, et ce qu'elle a d'actif; se porter de toute son âme à faire ce qui est juste, et à dire la vérité. Que reste-t-il après cela sinon de jouir de cette vie en accumulant bonne action sur bonne action, sans laisser entre elles le moindre vide?

XXX. La lumière du soleil est une, quoiqu'on la voie dispersée sur des murailles, sur des montagnes, sur mille autres objets. Il n'y a qu'une matière commune, quoiqu'elle soit divisée en des millions de corps particuliers. Il n'y a qu'une âme, quoiqu'elle se distribue à une infinité de corps organisés qui ont des limites propres. Il n'y a qu'une âme intelligente, quoiqu'elle semble elle-même se partager.

Or quelques-unes de ces parties dont je viens de parler, comme le souffle, la matière, sont insensibles et étrangères les unes aux autres, quoique retenues ensemble par l'esprit universel et par une même pesanteur; au lieu que tout être intelligent se sent né et conformé pour être uni avec son semblable, et que ce penchant social est tout entier dans chacun.

XXXI. Que désires-tu? D'exister, c'est-à-dire de sentir, de vouloir, de croître pendant un temps, de ne plus croître ensuite, de parler, de penser. Laquelle de ces facultés te paraît la plus désirable? Si chacune en particulier te semble peu de chose, marche vers le dernier but, qui est d'obéir à ta raison et à Dieu. Mais il y a de la contradiction à honorer Dieu et ta raison, et à ne pouvoir supporter la privation du reste par la mort.

XXXII. Qu'est-ce que cette partie du temps qui t'a été donnée dans l'immensité des siècles? Elle disparaît si vite dans l'éternité! Quelle est ta part de la masse de la matière? de l'âme universelle? Qu'est-ce que cette motte de terre où tu rampes? Médite bien tout cela, et dis-toi qu'il n'y a rien de grand que de faire ce que ta nature exige, et de souffrir ce que la commune nature t'apporte.

XXXIII. Quel usage la partie supérieure de ton âme fait-elle de son pouvoir? C'est là le point essentiel. Tous les autres objets, soit qu'ils dépendent ou non de toi, ne sont que corps morts et que fumée.

XXXIV. Rien n'est plus propre à te faire mépriser la mort que de songer que ceux même qui ont regardé la volupté comme un bien et la douleur comme un mal l'ont cependant méprisée.

XXXV. Celui qui ne reconnaît pour bon que ce qui se fait aux temps marqués; celui qui pense qu'il est égal d'avoir eu, ou non, assez de temps pour faire beaucoup d'actes de raison, et qu'il n'y a point de différence à voir ce monde plus ou moins d'années, celui-là, dis-je, n'envisage pas la mort comme un objet terrible.

XXXVI. O Homme! tu as été citoyen de la grande cité du monde. Que t'importe de ne l'avoir été que cinq ans? Personne ne peut se plaindre qu'il y ait de l'inégalité dans ce qui se fait par les lois du monde. Qu'y a-t-il donc de fâcheux si tu es renvoyé de la cité, non par un tyran, ni par un juge inique, mais par la nature même qui t'y avait admis? C'est comme si un acteur était congédié du théâtre par l'entrepreneur qui l'y avait employé. — Mais je n'ai pas joué les cinq actes, je n'en ai joué que trois! — Tu dis bien. Mais, dans la vie, trois actes font une pièce complète; car elle est toujours terminée à propos par celui qui, l'ayant composée, ordonne maintenant l'interruption. En tout cela tu n'as été ni l'auteur ni la cause de rien. Va-t-en donc paisiblement; car celui qui te congédie est plein de bonté.

TABLE DES MATIÈRES

Dans la même collection (suite):

Gamiani.

Goethe, Johann-Wolfgang. *Les affinités électives.*

Gorki, Maxime. *Ma vie d'enfant.*

Hémon, Louis. *Maria Chapdelaine.*

Huysmans, Joris-Karl. *Croquis parisiens.*

Jarry, Alfred. *Le surmâle.*

La Fontaine, Jean de. *Fables* (2 vol.).

Le Livre de Job.

Locke, John. *Lettre sur la tolérance.*

Longus. *Daphnis et Chloé.*

Marc aurèle. *Pensées.*

Maupassant, Guy de. *Le Horla et autres contes.*

Maupassant, Guy de. *Une partie de campagne et autres contes de la rivière.*

Mistral, Frédéric. *Mémoires et récits.*

Montesquieu, Charles de. *Considérations sur les Romains.*

Musset, Alfred de. *Poésies nouvelles.*

Musset, Paul de. *M. le Vent et Mme la Pluie.*

Nostradamus, Michel de. *Les oracles* (2 vol.).

Ovide. *L'art d'aimer.*

Pergaud, Louis. *La guerre des boutons.*

Perrault, Charles. *Contes.*

Les plus beaux contes du monde.

Poèmes pour Laure.

Rabelais, François. *Gargantua.*

Renard, Jules. *Histoires naturelles.*

Dans la même collection (suite):

ROUGEMONT, Denis de. *Journal d'un intellectuel en chômage.*

ROUSSEAU, Jean-Jacques. *Les rêveries du promeneur solitaire.*

SAADI. *Le jardin des roses.*

SADE, marquis de. *La marquise de Gange.*

SAND, George. *Le château de Pictordu.*

STERNE, Laurence. *Voyage sentimental en France.*

STEVENSON, Robert-Louis. *Dr Jekyll et M. Hyde.*

SWEDENBORG, Emmanuel de. *Des charmes de l'amour conjugal.*

TOLSTOÏ, Léon. *Les Cosaques.*

TOLSTOÏ, Léon. *La mort d'Ivan Ilitch.*

TOULET, Paul-Jean. *La jeune fille verte.*

VILLON, François. *Œuvres.*

VOLTAIRE. *La princesse de Babylone.*

VOLTAIRE. *L'homme aux quarante écus.*

WEHR, Gerhard. *C.G. Jung.*

ZOLA, Emile. *L'argent.*

Imprimé en Suisse